O CHAMADO DOS GENERAIS DO REINO

PABLO MARÇAL

O CHAMADO DOS GENERAIS DO REINO

ENCONTRE MAIS
LIVROS COMO ESTE

Copyright desta tradução © IBC - Instituto Brasileiro De Cultura, 2024

Reservados todos os direitos desta tradução e produção, pela lei 9.610 de 19.2.1998.

1ª Impressão 2024

Presidente: Paulo Roberto Houch
MTB 0083982/SP

Coordenação Editorial: Priscilla Sipans
Coordenação de Arte: Rubens Martim

Publisher: Elisangela Freitas
Editor: Cristian Fernandes
Coordenação editorial: Carol Cardoso
Copidesque: Daiane Battistel, Carol Cardoso e Wilma Kelly Gomes
Preparação: Carol Cardoso e Ivana Mazetti
Revisão: Cleidson da Silva, Lucy Nabote e Sandra Selino
Capa: Rogério Salgado
Diagramação: Michele Christinelli Albuquerque

Vendas: Tel.: (11) 3393-7727 (comercial2@editoraonline.com.br)

Foi feito o depósito legal.
Impresso no Brasil

Dados Internacionais de Catalogação na Publicação (CIP)
de acordo com ISBD

M313c   Marçal, Pablo

O Chamado dos Generais do Reino / Pablo Marçal. –
Barueri : Camelot Editora, 2024.
10 p. ; 15,1cm x 23cm.

ISBN: 978-65-6095-046-7

1. Literatura infantil. I. Título.

2023-3791   CDD 158.1
                            CDU 159.947

Elaborado por Vagner Rodolfo da Silva - CRB-8/9410

IBC — Instituto Brasileiro de Cultura LTDA
CNPJ 04.207.648/0001-94
Avenida Juruá, 762 — Alphaville Industrial
CEP. 06455-010 — Barueri/SP
www.editoraonline.com.br

SUMÁRIO

Introdução 7

1. Todo general tem um batalhão 13

2. Propósito 39

3. Frequência e acesso 67

4. Domínio e governo 95

5. Honra, equivalência e transbordo 117

6. A simples e verdadeira religião 131

7. Isso não é nem a sombra do que há de vir 147

INTRODUÇÃO

Se Deus o chamasse hoje para cumprir um propósito, uma missão que Ele colocou em seu coração, você seria capaz de reconhecer a voz dEle e obedecer a ela?

Imagino que se Ele se apresentasse a você como se apresentou a Moisés e a Jacó, face a face, você possivelmente lhe obedeceria, mas Deus se manifesta de formas diferentes para pessoas diferentes. Sempre que Ele se moveu na Terra, Seu comportamento foi diferente. Em algumas eras, Ele foi Jeová Rafá; em outras, Jeová Nissi, Jeová Shalom...Uma hora Ele se apresentou como nuvem, outra hora Ele era o fogo dentro da fornalha. Em outros momentos, era o anjo na cova dos leões. Deus se apresenta de várias maneiras, mas a forma como Ele se revela hoje é diferente. **Deus manifesta Seu chamado através de pessoas.**

Talvez você esteja esperando Deus chamá-lo formalmente, mas isso não irá acontecer. Muitas vezes Ele irá usar a pessoa mais improvável, aquela que não possui nenhum resultado, mas, se você estiver atento, em unidade com Ele, entenderá. Acredite, Deus já falou com você através de outras pessoas e você não ouviu. Muitas vezes, Ele quis colocar um desafio novo nas suas mãos e você não aceitou porque ficou com medo, não reconheceu o chamado.

A maioria das pessoas foram chamadas para governar, para serem pioneiras, pais e mães de um movimento, mas, por não ativarem o chamado, não cumpriram com esse propósito. Entenda, Deus nunca vai revelar todo o projeto de um movimento, todo o percurso. Ele se manifesta de glória em glória, a cada passo. Se Deus mostrasse onde você estaria daqui a oito anos, você não acreditaria. Um dia Ele contou para Sara, já idosa, que ela teria um filho, e a reação dela foi rir e duvidar. Assim também aconteceria conosco se soubéssemos tudo aquilo que o Senhor tem reservado para nós.

Você pode pensar que seu chamado tem a ver com a sua profissão, mas não se limite a isso. O chamado tem um único propósito: **manifestar a glória do Reino de Deus.** Sua profissão pode ser um dos meios para realizar isso, mas não é o único.

Eu não acho que nós somos generais, eu tenho certeza! Se você não ouvir o chamado, nossas famílias serão lideradas por outras ideologias e por generais do exército inimigo. Há urgência para que os filhos de Deus conheçam sua identidade e cumpram seu propósito, e é por isto que escrevi este livro. **Não é sobre mim, é sobre uma mensagem, a mensagem do Reino.**

Cada capítulo deste livro contém lições valiosas que você pode aplicar à sua vida. Falaremos sobre propósito, frequência, acesso, governo, honra e, principalmente, o Reino. Você perceberá que incluí a experiência de pessoas que caminham ou caminharam comigo, verdadeiros generais. Eles vão acrescentar uma dose extra de sabedoria à sua vida e trazer uma nova visão sobre seu chamado.

Você é chamado a viver e realizar coisas extraordinárias. Você é chamado a levar o Reino aos quatro cantos da Terra. Que este livro seja o combustível que faltava para você decolar.

TMJADF (Tamo Junto Até Depois do Fim)!

Não espere chegar à crise,
TREINE PARA VENCER

TODO GENERAL TEM UM BATALHÃO

Há um ciclo natural na vida de multiplicação e transmissão de liderança. Um filho se torna pai, e quem tem longevidade assiste ao crescimento dos filhos dos filhos. Todos fomos chamados por Deus para gerar, multiplicar e liderar, mas, fomos programados pela sociedade para "dar certo", não para multiplicar. Fomos programados para sermos queridos, aceitos, aprovados, mesmo que isso custe o não cumprimento do propósito.

As pessoas são treinadas para se manter em postura, mas quando uma crise é provocada, elas mostram verdadeiramente quem são. Há muitos anos, Salomão já falava sobre essa verdade (Provérbios 24:10), tanto que eu aplico este princípio para selecionar novos amigos, sócios e colaboradores: expô-los à crise. Somos reconhecidos na crise, e a verdade sobre nós vem à tona nesses momentos. **Uma pessoa que tem problemas de identidade e vive com medo já está em constante crise. Sentir-se injustiçado, ser traído, abatido, é estar em crise.** De fato, ela é terrível, mas esclarecedora.

Em uma corrida, quando há possibilidade de chuva, todos ficam preocupados decidindo se colocam o pneu de chuva ou o de pista seca. Se você coloca o pneu de chuva e a pista seca rápido, ele se desintegra em dez voltas, pois é muito macio; se você coloca o pneu de pista seca e corre na chuva, ele derrapa. Uma vez Ayrton Senna foi pilotar kart na chuva e ficou em último lugar. A partir desse dia, todas as vezes em que chovia, ele treinava, até ficar muito bom nisso.

Quando você corre, os pneus deixam marcas na pista, e na chuva você não pode passar pelo mesmo traçado. Isso nos ensina um código: **na crise, o circuito tem que mudar.** A pista é a mesma, mas o percurso, o local de freio, a temperatura, tudo é diferente. Eu estudei tanto sobre isso que, na minha primeira corrida na chuva, eu estava me divertindo, mas olhava para o lado e todo mundo estava preocupado. **Não espere chegar à crise, treine para vencê-la.**

Há como reinar em tempos de crise, você precisa antevê-la, treiná-la e forçá-la. Entenda que, se você tem medo de crises, seu batalhão também vai ter. Por isso, a primeira coisa que você precisa fazer é vencer seus medos emocionais. Todos os medos têm uma conexão, e a raiz de todos é a morte, mas um cristão verdadeiro não deve temê-la. Quem não tem medo de morrer não tem medo de mais nada.

Quem faz isso gasta munição e age de maneira errada, apenas pelo ego. Aplique energia apenas naquilo que faz sentido para o seu coração; no que não faz, retire seu batalhão. Quando tive discernimento disso, apliquei o máximo de energia ao meu casamento e há muitos anos não brigamos mais. Somos um único reino, eu sou o rei e a Carol, a rainha. Eu, sendo o rei, a defendo e dou minha vida por ela. Quando vejo que ela priorizou algo que não é tão importante para mim, mas que faz sentido para ela, eu "dou ré", recolho o meu batalhão, passo para trás dela e fico no apoio. Muitas vezes eu ou ela desistimos de travar diversas guerras porque não fazem sentido ou não trazem edificação para nós.

> **UM GENERAL DO REINO NÃO ENTRA EM UMA GUERRA QUE NÃO É SUA.**

Na sociedade atual, as pessoas não são ensinadas a batalhar, liderar, a ir atrás do que acreditam, mas a agradar aos outros, a não passar vergonha, a ser querido. Por isso, muitos têm medo de ter um batalhão. Hoje, para cada influenciador no Brasil, há um milhão de pessoas para segui-lo, pois poucos estão dispostos a se posicionar, a gastar energia, a crescer e enfrentar crises. As pessoas querem, na verdade, pular do nível 1 para o 30, mas se esquecem de que construir dá trabalho.

UM GENERAL DO REINO NÃO ENTRA EM UMA GUERRA QUE NÃO É SUA. Ele deve carregar a multiplicação de talentos e, quando faz isso, tudo em que ele toca começa a multiplicar, e quem ele toca é acionado.

Juízes 7 conta que Gideão precisou da força do Deus vivo para vencer a batalha, mas saiba que, quando se pede ajuda ao Senhor, Ele vai atrapalhar tudo. Como assim, Pablo? **Ele mostra a força do braço dEle e, para isso, tira a sua.** Você se sente impotente por conhecer a potência dEle. Seu suor e esforço próprio são apenas 1% do governo, servem apenas para começar. A graça de Deus não faz um jato decolar, mas o empurra.

Se você é um general do Reino, tem que amar problemas. Amar problemas não é buscar confusão, mas estar disposto a enfrentar desconfortos, confrontos e situações de crise a fim de passar de nível. E, para construir um batalhão, basta que você tire o medo das pessoas. O verdadeiro amor lança fora todo o medo, e quem não tem medo "cai pra dentro" e aposta todas as fichas em um propósito, já o medroso tem reservas.

Deus é um Deus de moveres e patrocina quem se move. E não é na capacidade, não é na quantidade. O que vale mais para você: andar com vinte pessoas que o amam e são medrosas, ou andar com duas pessoas que nem o amam tanto assim, mas estão prontas para o crescimento e disponíveis a ajudá-lo? Somente quem tem problema de autoimagem prefere a quantidade. Se você entende o que é batalha, jogo e as estratégias do jogo, prefere andar com as duas pessoas que não têm medo, pois quem tem medo resolve menos problemas, ou seja, foge deles.

Os que têm medo não chegam ao final de nada e ainda têm ciúmes das pessoas novas que chegam. Se todo mundo cresce e avança junto, mas uma pessoa tem medo, ela não deixa ninguém bom crescer perto dela. Quantas pessoas eu já vi deixando de governar, isso por conta de uma semente do inferno: o medo!

Cerca de 98% das pessoas vivem com medo e os outros 2% governam a Terra. A pior parte é que a maioria dos governantes não são os filhos, mas como o Senhor criou os princípios de forma universal, para todos, eles assumem o direito. Gente destemida é terrível, pois avança mesmo na sua incapacidade.

Medrosos querem que você valide o que eles carregam. Por que as pessoas patrocinam o medo? Para ninguém ter liberdade e ganhar a aerodinâmica de crescimento.

Ande com pessoas destemidas, que sabem quem são. As coisas ruins são como ervas daninhas, não precisam de agricultores, se alastram sozinhas; já as coisas boas da vida não são assim, precisam ser plantadas de forma ordenada. Quando você começa a semear, as pessoas que têm medo dirão: "Não é tempo de plantar", "Cuidado com as pragas", "Não vai chover". Sempre é tempo de plantar, é só trocar a semente!

"Pablo, como combater o medo?" Com uma ação imediata de enfrentamento, pois quanto mais você enrolar, mais medroso vai ficar.

> **UM GENERAL DO REINO NÃO ENTRA EM UMA GUERRA QUE NÃO É SUA.**

Ele é incrível. Se você pediu a ajuda dEle, prepare-se para perceber que a capacidade não é nada perto da potência que uma ou duas pessoas reunidas no nome dEle carregam.

O CAMINHO DA OBEDIÊNCIA

Nezio Monteiro

Eu era um improvável, mas tomei a decisão de mudar de vida. Para alcançar esse objetivo, resolvi mudar a rota, a ambiência e andar com pessoas diferentes. Você provavelmente já ouviu que é a média das cinco pessoas com quem mais convive, então analise quem está ao seu redor, assim como eu fiz. Abandone certas pessoas, troque a energia e o ambiente, faça as mudanças necessárias. Quando você caminhar e se conectar com novas pessoas, vai aprender coisas novas e desbloquear diariamente, fazendo coisas que nunca fez.

Quando estiver em um lugar novo, observe as pessoas presentes e interaja, o que você busca pode estar neste desconhecido. Converse com pessoas diferentes, elas lhe entregarão códigos diversos. Se seu convívio for limitado aos mesmos ambientes e pessoas, ou se quiser fazer sua jornada sozinho, você não terá experiências e resultados novos, permanecerá estagnado. **Hoje em dia, eu não deixo de viver um dia sequer sem destravar algo novo, sem aprender ou ensinar a alguém.**

Nesse processo de mudança, eu queria crescer e, acima de tudo, fazer a vontade de Deus. Como eu disse, eu era um improvável, e viver o que vivo hoje era impossível para mim. Eu nunca sonhei que iria ter carros de luxo, morar no mesmo condomínio que milionários, desfrutar da vida como desfruto. E não há nada melhor do que fazer isso enquanto se está no propósito, ajudando pessoas, crescendo em obediência, conhecimento e sabedoria.

Tudo o que você ainda não viveu está na obediência. Ela vai mexer com sua autoimagem, com sua necessidade de aprovação e vai fazer vários bloqueios virem à tona, mas você vai viver tantas experiências que não vai mais querer parar. Se você prosseguir, vai chegar a um momento de tanta dependência do Senhor, que não vai fazer sentido viver se não for pela obediência a Ele.

Você quer aprender sobre governo? Então precisa entender que **o real governo é governar sobre seu corpo, espírito e emoções, destravando coisas novas todos os dias.** Para que isso seja possível, você deve tomar decisões e agir, sabendo que, a cada passo que der, você vai ter que desbloquear novas coisas.

Nesse processo, eu cansei de ser o crente que só "esquenta cadeira" e não prospera, não vive curas, não vive tudo o que Deus disponibilizou para mim. Dei um basta nisso e pedi ao Senhor sabedoria para que eu pudesse caminhar e avançar.

Eu lembro que um dia eu estava na África, em um ônibus com o pessoal, e o Pablo falou que ia nos ensinar a acessar a sabedoria. Eu não estava entendendo o que ele estava falando, então pedi ao Senhor que me desse esse acesso. Naquele instante o Espírito Santo falou para mim: "Não tem como acessar a sabedoria com essa necessidade de aprovação". Aquele momento foi surreal. Para você ter uma ideia, eu era a pessoa que, mesmo estando certa em uma briga, pedia perdão. Eu sabia o que tinha que fazer e não fazia, tamanha era a minha necessidade de aprovação.

Naquele momento me veio uma ira tão grande, que comecei a esmurrar o ônibus e a dizer que ia viver o que o Senhor tinha para mim. Quando olhei pela janela, vi que havia crianças brincando em um monte de terra. O Espírito Santo pediu para eu tirar meu sapato e ir brincar com elas, e eu fui. Naquele dia, Ele estava me curando da necessidade de aprovação.

Você provavelmente já ouviu o Espírito Santo pedindo algo a você, mas não obedeceu. **Como você quer viver experiências com o Espírito Santo sem obedecê-Lhe?** Deus lhe deu o livre arbítrio e o Espírito Santo fala com você, mas você escolhe não obedecer, não dá os passos necessários em direção ao governo. Todos os dias, Ele manda você fazer várias coisas, mas, se você não faz, não vive experiências sobrenaturais.

Não existe nada melhor do que estar no governo servindo ao propósito de Deus, vivendo uma vida de desfrute. A sua obediência a Ele determina que a responsabilidade sobre sua vida é dEle. Com fé você dá um passo e Ele lhe mostra o próximo. Faça o exercício de apenas obedecer ao Senhor. Você vai achar que é coisa da sua cabeça, mas faça mesmo assim. Quando você não dá o primeiro passo, nunca vai saber o segundo, e é por isso que precisa obedecer ao primeiro, para viver uma experiência. **A velocidade com que você avançará será compatível com a qual você a obedece.**

Após o desbloqueio na África, o Senhor pediu que eu desse minha única empresa. Admito que fiquei em dúvida, porque era minha única fonte de renda, mas Ele disse que me ensinaria a prosperar do zero e que aquele era um passo necessário. Quando entreguei a empresa, lembro que minha esposa falou que a geladeira estava vazia. Eu olhei meu saldo na conta do banco e havia apenas vinte e oito centavos. Eu fui para o quarto, orei, dizendo não aceitar viver com menos do que o que Ele conquistou para mim na cruz. Se você está lendo isso, nunca mais deixe de obedecer ao que Ele colocou em seu coração, porque desde aquele dia o Senhor tem me suprido e me levado a viver coisas que nunca imaginei.

Pelo menos hoje, faça o que estou falando: se o Senhor pedir algo, faça.

―― PABLO MARÇAL ――

Pular fases faz você pagar caro na próxima fase, por isso não pule fases, mas acelere-as, e, enquanto estiver acelerando, lembre-se de multiplicar talentos. O maior investimento que o Senhor quer que façamos é em pessoas, e você só faz isso tirando suas sementes e talentos dos bolsos, transbordando na vida dos que estão em seu círculo e fora dele.

Na última hora, para selecionar o batalhão de Gideão, restaram apenas 300 homens. Acredito que a presença de comando daqueles trezentos era algo tão assustador que parecia que eles valiam mais que os 30 mil, pois eram valentes, gente que não abaixa a cabeça, não se desespera. Imagine esses 300 saindo na madrugada sem armas para enfrentar 130 mil! É como uma oferta para morrer, mas eles tinham fogo, jarro, trombeta e unidade.

ANOTE O CÓDIGO: BATALHÃO TEM QUE TER UNIDADE.

Quem não tem medo e desenvolve uma estratégia em unidade conquista qualquer coisa. Certa vez, um marxista americano falou que quem quiser tomar uma cadeira no senado necessita de 300 pessoas engajadas no mundo político, em qualquer um dos partidos. Qualquer pessoa que queira revolucionar algo o consegue por meio de um batalhão de 300 destemidos, caras-de-pau, que tenham unidade de verdade e não olhem para trás. Não há quem os segure. O segredo não é o número, mas a unidade.

Trezentas pessoas destemidas equivalem a uma bomba nuclear, mas se acrescentar 1.000 pessoas medrosas às 300, o resultado não será de 1300 pessoas, mas trinta. Isso porque a energia de medo delas afetará muitos dos trezentos. Um destemido não anda com um medroso, ou você o trata ou se desconecta.

Uma tarefa para você realizar imediatamente: localize os medrosos em sua vida. Se eles quiserem tratamento, ajude-os, se não, desconecte-se deles.

Eu sempre convido pessoas quando vou saltar de paraquedas, e vejo que, ao vencer aquilo, elas passam a agir de modo completamente diferente nos negócios e na vida. Quem tem medo de altura não cresce em resultado, pois teme a exposição. Eu estimulo as pessoas para que vençam seus medos. Quanto maior o espaço vazio no seu cérebro, mais medo você tem. Quanto maior a improdutividade, maior o medo; mas quanto mais você produz e tem resultado, menos medo tem, e quanto mais governo, sente menos medo ainda.

A Palavra diz que onde está o seu tesouro, ali está o seu coração. Se o seu tesouro é dinheiro ou coisas, você sempre estará com medo. Quer perder o medo ainda hoje? **Troque coisas por causas.** Por uma causa você aplica sua vida, e aí o medo vai embora. Também deixe de ser improdutivo e não aceite medrosos em seu batalhão. A causa aciona o movimento, é a lenha da locomotiva.

Todo mundo quer andar comigo e estar em grandes projetos, mas os projetos começam pequenos, com um movimento. Individualmente, todos precisamos de uma causa, e **a maior causa do mundo é a liberdade.** Liberdade de que, Pablo? Defina qual tipo de liberdade você almeja, em seguida, crie o seu movimento. Há sete tipos de liberdade: espiritual, financeira, geográfica, de tempo, física, na alma e na Fonte. Dentre as sete, preocupe-se principalmente com a liberdade na Fonte e em entrar debaixo do favor do Senhor. É isso o que dará sentido a qualquer movimento que você criar.

> **UM GENERAL DO REINO NÃO ENTRA EM UMA GUERRA QUE NÃO É SUA.**

Se o movimento que o Senhor colocou dentro de você morrer, significa que você era maior que o movimento.

Fomos doutrinados a pensar que tudo é do Senhor, mas foi Ele quem nos deu. Assuma sua parcela em seus movimentos. O Senhor me deu um encargo em vida de morrer pela Carol, eu não abro mão dela. Jesus não precisa de mim, mas a Carol precisa. Ele é maior que eu e eu sou o líder da minha casa, estou pronto para morrer por ela, então vou atrás dela até no inferno, busco-a e voltamos juntos para o nosso amado Jesus. Quem não entende de batalhão não sustenta uma família. **Sustentar uma família não é** prover comida, mas fazê-la ter perenidade, governo sobre a Terra.

A pior coisa é ter uma casa, uma empresa, uma igreja onde todo mundo tem medo. Por que ter medo das coisas se o Senhor mandou você ser forte e corajoso, disse que você é governante e imagem e semelhança dEle? O que você ganha por ter medo?

Faça uma lista dos batalhões que você precisa levantar. O Senhor dá a você uma família, este é o seu primeiro batalhão; dá um povo, é o segundo batalhão; dá discípulos, o terceiro batalhão. Todo líder faz parte de um batalhão de elite, onde há líderes de outros batalhões. Você tem que crescer e andar com eles.

De dentro do seu primeiro batalhão (sua casa), sairão outros. Enxergue os filhos como batalhões, pois são outras famílias que você está treinando. O Senhor vai lhe dar um movimento, o seu mega batalhão, e discípulos, os que estarão mais próximos a você e que você treinará individualmente para que sejam maiores. Você também receberá batalhões de negócios. Dedique-se a pertencer a um batalhão de elite, junto a líderes de ecossistemas, aí a frequência sobe e todos crescem juntos.

O que me destravou na colaboração foi entender a forma como trabalham as pessoas do Vale do Silício. Lá ninguém tem inveja ou ciúmes da própria ideia.

Eles crescem muito rápido tecnologicamente porque ninguém tem medo de perder nada, o foco é compartilhar ideias e testá-las o mais rápido possível. Pessoas medrosas não contribuem com nada e morrem de medo até de ter uma ideia, para que ninguém a roube.

> **UM GENERAL DO REINO NÃO ENTRA EM UMA GUERRA QUE NÃO É SUA.**

O fato de você não ganhar uma luta não significa que foi ruim, você ganhou algo: experiência. Mas, quando desiste, você desperdiça o dinheiro dos patrocinadores, a fé das pessoas e desrespeita o evento.

Quando começar algo, não olhe para trás, mesmo que dê prejuízo, pois isso é perder a luta. Desistir é terrível, faz você ficar frouxo e cada vez mais desconectado do governo e daquilo para que você foi chamado. Se no mundo inteiro todos perdessem o medo, o que aconteceria? Cada um cuidaria da sua própria vida e aquela iniquidade de o amor se esfriar não aconteceria, mas não será assim.

Mais do que faturar centenas de milhões, a sensação mais poderosa que eu sinto é a de não me importar com o que pensam a meu respeito. Quando chego a minha casa, ver o olhar da minha amada e dos meus filhos é o suficiente. Quando entro no salão de minha alma, o jeito que Jesus me olha é assustador, é isso o que importa.

Quando alguém o ofende e você tem certeza de quem você é, é o mesmo de alguém dizer que seus olhos verdes são horríveis quando, na verdade, seus olhos são de outra cor. E ainda que seja a cor do seu olho, continua sendo um problema da pessoa, pois você não abriu concurso para ninguém o avaliar. **Quando se tem a identidade plena, petrificada na Rocha, Cristo, uma pessoa pode até falar o que você aparenta ser, mas isso não lhe interessa.**

Aprenda uma coisa: quando uma pessoa o xinga, ela está dando o melhor que ela pode. Infelizmente, ela não tem nada mais além daquilo. Todas as pessoas estão dando o melhor delas e você precisa aceitar isso. Se ela não for destravada, incentivada, potencializada, e não sair nada além daquilo, está tudo bem.

> UM GENERAL DO REINO NÃO ENTRA EM UMA GUERRA QUE NÃO É SUA.

Quanto mais resultados, mais forte e menos medroso você fica. Você pode tirar tudo de uma pessoa que tem resultados, pois ela não tem medo e logo recomeça. Como eu, Pablo, identifico meus medos? Eu gosto de colocar *tags*, etiquetas nas coisas. Para mim, o medo cheira mal. No estágio mais severo, o medo nem deixa você pensar, não permite rondar a frequência na sua cabeça. No segundo nível, você consegue ter pensamentos de crescimento, mas ele paralisa e você não consegue se mover. No nível três, você não consegue sair.

No quarto nível, você consegue sair e dá os primeiros passos, mas não enxerga recompensa naquilo.

O medo é anti sacrifício, não aceita que você faça depósito. Quando você consegue enxergar a recompensa, dá para aceitar o sacrifício, assim como fez Estêvão, que enxergou o terceiro céu no momento em que foi apedrejado, e também com Jesus, que enxergou o olhar de cada um de nós quando foi crucificado.

Você não deve ter medo de escrever um livro, por exemplo, por se preocupar com o que as pessoas vão achar ou por não se sentir pronto. Isso para mim é gratificante, pois governo de modo cavalar sobre todas as coisas. Não tem sentido ser perfeito, só Deus é. Se você buscar a perfeição, será sempre medroso, pois não dá conta nem de liderar a sua vida, e fica sempre esperando. Em vez de se preocupar com isso, quero que pense na quantidade de pessoas que vão morrer porque você não escreveu. Isso é muito sério.

> **UM GENERAL DO REINO NÃO ENTRA EM UMA GUERRA QUE NÃO É SUA.**

TESOURO ESCONDIDO

Elis Freitas

Quando eu tinha apenas quatro anos de idade, tive uma visão de eu falando mansamente para muitas pessoas, que recebiam a mensagem de Deus. Eu nunca esqueci essa imagem, e sei que estamos chegando a um tempo em que isso está se tornando natural. Você vai falar para multidões, acredite. Eu olho para a quantidade de pessoas que estavam no Goiânia Arena e penso "onde estavam esses tesouros, Deus?".

A verdade é que Deus ama esconder tesouros dentro de nós, e o maior tesouro que você carrega é o próprio espírito de Jesus. Depois de tudo ser criado para Adão e ele ter pecado, Deus já tinha um tesouro escondido para ele: Jesus. E em Jesus, Ele escondeu todos os tesouros da sabedoria e do conhecimento. Saiba que Deus também escondeu vários talentos em você. Por mais que hoje você esteja se sentindo a menor pessoa do mundo, há preciosidades em seu interior.

Meu propósito é ajudar pessoas a extraírem a mensagem que arde em seus corações, que Deus colocou escondida lá dentro, ou seja, trazer para fora esses tesouros que enriquecem o mundo por meio de palavras e livros. Alguns me dizem que não sabem o que escrever, que não se sentem importantes. Para você que se sente assim, tenho uma pergunta: por acaso Deus já criou alguma coisa que não seja preciosa? Não, Deus só criou aquilo que há de mais importante. E, dentro de você, colocou tesouros.

Como professora de Língua Portuguesa, eu achava impossível quando o Pablo me dizia que dava para escrever um livro em menos de 60 dias. Normalmente as editoras levam em média 182 dias. Até que um dia o Senhor me mostrou essa urgência. Ele pediu para eu pensar em uma pessoa que foi picada por uma serpente e imaginar que eu tinha o soro que salvaria a vida dela. Em seguida, Ele disse: "Agora pense em um novo contexto. Essa pessoa é sua mãe, seu filho, seu cônjuge, e ela vai morrer se você não entregar esse soro. Com que urgência você vai entregar?" Ali eu comecei a acelerar meus resultados, porque entendi que há pressa em você abrir a boca. **Existem milhares de pessoas morrendo porque você não abre a boca, e Deus colocou dentro de você talentos que só você pode entregar para enriquecer pessoas.**

Você é a resposta, a carta de Deus na Terra. Você pode questionar, dizer que isso não tem relação com livros, e, de fato, o livro é só a forma de você envelopar essa mensagem. Todos os dias um livro está sendo escrito no céu, sabia? Deus já me perguntou: "Filha, você entende a importância do registro? No céu tudo é eterno, e, na Terra, o livro é uma forma de tornar eterna sua mensagem." Se Paulo não tivesse escrito, não leríamos grande parte do Antigo Testamento. A Bíblia foi inspirada por Deus, por meio de um autor, o Espírito Santo, e escrita por homens.

Existe uma mensagem que apenas você pode entregar. Eu ouço feedback todos os dias de pessoas que escreveram seus livros, e como a mensagem está sendo propagada sem ela fazer esforço.

Eu me conectei com o Pablo através de um livro. Eu era muito religiosa, escassa e sedenta por Deus, e pensava que o Pablo ia desvirtuar meu filho, Nezio Monteiro. Eu me lembro de um dia ir ao banheiro, ajoelhar e rezar: "Deus, se esse homem não for seu servo, tire meu filho dessa situação. Mas, se for do Senhor, me coloque aí, porque eu quero fazer parte." Na hora em que saí do banheiro, vi uma pilha de livros do Pablo, e o primeiro que abri foi o "Saia do caixão". Eu tenho que revelar um segredo: esse foi o livro que li mais rápido. Assim que terminei, vi que era do céu e ia ao encontro daquilo por que sempre orei e pedi para Deus.

Pouco tempo atrás, eu disse ao Pablo que não aceitava mais viver de condição, que eu faria de tudo para ter uma vida diferente. E, a cada passo, Deus ia me revelando que eu sou uma garimpeira do Reino. O que é isso, Elis? **Nós somos garimpeiros do Reino, nós que vamos encontrar esses tesouros escondidos, extraí-los e lapidá-los com a escrita.**

Não é possível que pessoas com tanto talento estejam de boca fechada.

O clamor do meu coração é que o Senhor desperte esses generais para abrirem a boca, para escreverem, para registrarem todas as experiências, nem que sejam de fracassos. Porque, afinal de contas, uma pérola é extraída de uma essência impura. Um grão de areia ou parasitas entram na ostra e a ferem, e, para se proteger, ela gera uma substância. Dali é formada uma pérola. **Dos seus bloqueios, dificuldades, fracassos e dores, vão nascer muitos livros, que vão gerar vida para outras pessoas.** Entenda isso.

Talvez você não se sinta capaz e ache que não tem nada importante para compartilhar. Eu quero lhe dar uma palavra hoje: você é o tesouro escondido de Deus, que precisa enriquecer o mundo!

Hoje é tudo tão simples que você pode, em sete minutos, fazer um sumário de um livro. De que forma, Elis? Responda às seguintes perguntas: Qual é a mensagem que queima em seu coração? No que você passa dias pensando? Essa é a mensagem que você tem que entregar para o mundo. Pense: "O que eu falaria para alguém sobre esse tema?" Olhe bem nos olhos de uma pessoa e imagine ela sendo curada por suas palavras, e comece a falar. Grave áudios, faça lives. Eu fiz uma live de três horas e dela saiu um livro.

Você também é capaz, mas ainda não escreveu seu livro porque precisa ter um reencontro no Jardim. Adão pecou e foi, por amor, retirado do Jardim. Mas o segundo Adão veio e tornou livre o acesso para nós. Hoje você pode se reencontrar com Deus. Ele só quer ter relacionamento com você, e, a partir disso, vocês vão tirar todos esses tesouros que estão escondidos. **Você vai fazer coisas que nunca imaginou e liberar coisas que nunca sonhou, porque não estavam em sua mente, mas escondidas em seu coração.**

Daqui a 400 anos, sua voz ainda vai ecoar e curar pessoas, só que somos imediatistas. Queremos imediatamente ver os frutos, e não é assim que funciona. Entenda que não é sobre você, é sobre outras vidas, que precisam exatamente do que você tem para elas serem transformadas. O Pr. Aluízio disse algo que me tocou profundamente: às vezes você vem aqui em busca de algo que vai mudar a sua vida, general. Mas um general não defende apenas sua casa, ele tem uma nação, defende um país. Então, que você se posicione e lembre que tudo o que viveu até aqui tem um propósito. **Você veio do céu para um povo, uma nação.**

> **UM GENERAL DO REINO NÃO ENTRA EM UMA GUERRA QUE NÃO É SUA.**

Como recomeçar hoje? Resolva sua culpa, condenação e amargura e estabeleça um novo compromisso de fazer as coisas darem certo. Empresas não quebram, quebra quem está no governo. Quando estou num carro que ameaça explodir o motor, eu sinto o cheiro, o som, a vibração, e decido não mais pisar no carro para não quebrar tudo. Em vez de deixar a empresa ir para o lixo, diminua o tamanho, enxugue os processos, oxigene o negócio. Lembre-se de que o Senhor não mudou o olhar a seu respeito, Ele não tem opinião, só o fato, quem você é, e não o comportamento que você tomou. Você continua sendo amado, e isso é libertador.

Como controlar as reações que o medo causa no corpo? Embora pareçam físicos, esses sintomas se originam na alma e você precisa canalizar essa energia. Por exemplo, quando você está com raiva, ela é descarregada para o coração; quando você sente medo, ataca o intestino. O cérebro só tem um alvo, sobreviver, ele não é usado para prosperar, para isso você usa o coração. Então aplique o CCC (captar, canalizar e converter) e decida controlar essas reações. Entenda que a decisão é da alma, não do cérebro.

> **UM GENERAL DO REINO NÃO ENTRA EM UMA GUERRA QUE NÃO É SUA.**

Você cresce acessando o desconhecido. O medo

existe sobre coisas que você não governa, por isso tem que partir para o desconhecido.

Governe a si mesmo, esteja atento aos seus batalhões, se jogue e visualize a recompensa.

TAREFA

Identifique os sete medos que têm o paralisado e comece a tratá-los, um por vez.

O principal chamado

de um general do Reino
É VIVER O PROPÓSITO.

PROPÓSITO

Esta é a geração de maior ativação de propósito da história, e eu tenho percebido uma atmosfera nova nos últimos tempos, um novo mover.

O principal chamado de um general do Reino é viver o propósito.

Muitos se sentem confusos ou perdidos quanto a isso, pois ainda não sabem para o que nasceram. Entenda, você é filho do Criador e em Gênesis é clarificada a sua identidade: Deus criou o homem para governar e desfrutar do melhor da Terra. Além disso, você é um general, a mais alta patente do exército. Como ignorar essas verdades fundamentais sobre você mesmo?

Entenda como funciona o propósito: **se você não der a entrada, Deus não paga as prestações.** A maioria de vocês só espera receber quitado, uma resposta pronta, mas a promessa sempre ocorre de maneira parcelada, e, se você não plantar, Ele não vai plantar por você, pois Ele mesmo já deu a semente. Isso diz respeito ao princípio da semeadura e da colheita: se você deseja ter riqueza, por exemplo, precisa plantar riqueza e esperar o tempo da semeadura. Não, não pense apenas em riqueza financeira, isso é pouco perto da grandeza do Senhor.

Alguns querem plantar tamareira (árvore que demora de setenta a cem anos para frutificar) e colher os frutos no dia seguinte. Não é assim que funciona. Está escrito em Eclesiastes 3: "Tudo tem o seu tempo determinado, e há tempo para todo o propósito debaixo do céu. Há tempo de nascer, e tempo de morrer; tempo de plantar, e tempo de arrancar o que se plantou". Se é assim, tenha paciência e aguarde o tempo de Deus. Se você plantar, Ele vai frutificar, mas lembre-se de nunca parar de plantar, pois só assim sua colheita será infinita.

Para o propósito começar a funcionar, você terá que dar a entrada. Para tudo de assustador que você está querendo construir, é preciso dar o primeiro passo, pois ninguém fará isso por você. **Entre em uma frequência diferente e comece a se movimentar.** O vento, a Terra, as águas, até mesmo as árvores, se movem. Tudo o que é natural prospera, pois sempre está em movimento. Mas qual é o problema? O ser humano esqueceu sua verdadeira identidade.

Se a prosperidade é natural, Deus só pede uma coisa: **não atrapalhe o mover.** Ele dá a semente a quem semeia, Ele dá água a quem libera água, Ele põe o talento nas mãos de quem investe e dá retorno. Ele dá tudo, mas para quem usa o recurso sem escondê-lo ou poupá-lo.

> UM GENERAL DO REINO NÃO ENTRA EM UMA GUERRA QUE NÃO É SUA.

Pablo, se tenho muitos propósitos, devo cumprir todos? Sim, todos os que você quiser e for capaz de fazer, mas o mais importante deles é governar sobre a Terra. À medida que você se coloca em movimento, conhece diferentes lugares e pessoas, e é obediente ao chamado do Senhor, novos propósitos surgem. Se você entender isso, dará um salto, não porque é de sua vontade dá-lo, mas porque estamos vivenciando uma aceleração de tempo.

E como funciona essa aceleração de tempo? É bem simples: você coloca uma hora de energia na realização do seu propósito e Ele coloca cem. Porém, é preciso ficar atento a algo: **se você não investir tempo e energia no propósito, não há como vivê-lo.** Deus não faz nada por alguém que não está se movendo.

> UM GENERAL DO REINO NÃO ENTRA EM UMA GUERRA QUE NÃO É SUA.

A pior coisa que alguém pode fazer é um teste vocacional para decidir o que fazer em seu futuro. O teste vocacional faz você depender do tempo e nem sempre o que ele indica é a melhor opção para você, afinal, ele apenas apresenta uma direção, uma possibilidade de atuação profissional.

UM GENERAL DO REINO NÃO ENTRA EM UMA GUERRA QUE NÃO É SUA. Guarde no seu coração: é tempo de aceleração, de plantar uma semente e o Senhor fazê-la germinar por cem. A maioria das pessoas parou no meio do caminho por causa do bem-estar e do conforto, mas nós somos pais de moveres. Saiba que as pessoas vão parar para ouvi-lo porque você pegou a semente. Quem de fato entende do mover e do favor abre mão do conforto e do bem-estar, porque tais sensações não existem no propósito. Eu não acompanho a vida de ninguém que vive no propósito e não tem dificuldades. Começou a ficar muito fácil, é como se parasse o vento, a embarcação. Você tem que gostar de dificuldades, de problemas, e não precisa ficar criando os seus, o Senhor vai criar o suficiente para você.

Nós estamos em uma guerra e vai haver conflitos até mesmo com as pessoas da sua casa. Enquanto você tiver um cérebro e seu corpo não for glorificado, você vai ser atacado por si mesmo para parar o que está fazendo e curtir. Este é o mal da recompensa imediata. Há como cumprir o propósito e fazer as coisas de que gosta ao mesmo tempo? Se você governar, sim, e desfrutará enquanto ganha acesso; se não governar, não há como.

O componente do seu propósito está ligado a todas

as coisas que vão ocorrendo ao longo do seu caminho, até mesmo seus bloqueios. Todos os eventos da sua vida compõem um algoritmo que vai sendo acionado à medida que ocorrem os acontecimentos, e então você recebe algo de acordo com o que carrega. Uma pessoa não foi abusada sexualmente pelo querer do Senhor, mas esse fato terrível acionou dentro dela um algoritmo de compaixão pelas pessoas que passam por esse problema e também pelas que não vão passar, porque essa pessoa vai se posicionar e isso evitará outros abusos.

> UM GENERAL DO REINO NÃO ENTRA EM UMA GUERRA QUE NÃO É SUA.

Você pode não compreender o motivo de ter enfrentado certas situações, mas saiba que, se você não fugir do seu propósito, elas terão um significado. Conheço pessoas que tinham sérios problemas com escassez e hoje falam sobre finanças, ensinam a multiplicar riquezas. Conheço mulheres que passaram pelo divórcio e hoje falam com outras mulheres sobre família e restauração de casamentos.

Bloqueios são frutos do diabo, que fazem de tudo para afastar você do seu propósito. Vamos supor que Deus criou você com o dom da escrita. Para afastá-lo do seu propósito, o diabo colocou em seu caminho uma professora que humilhou você e instalou um bloqueio de aprendizagem em sua mente. Entende? **Se você não desbloquear, não vai viver o seu propósito, não vai**

transbordar e trazer cura a outras pessoas a partir das suas experiências.

Seres humanos são máquinas de significação. Mais de 70% dos seus significados foram instalados pelos seus pais, por isso eles são os maiores causadores de bloqueios. Para identificar um bloqueio, se desafie e tome uma decisão nova. Seu cérebro entrará em choque e isso revelará o bloqueio. Para desbloquear, traga o bloqueio à consciência e depois o ressignifique.

> **UM GENERAL DO REINO NÃO ENTRA EM UMA GUERRA QUE NÃO É SUA.**

Veja um exemplo prático de como desbloqueei meus problemas com autoimagem e escassez. Eu, que estava acostumado a usar ternos de 200 reais, fui comprar um terno de 2 mil reais. Na hora de finalizar a compra, meu cérebro estava me dizendo para desistir, então pedi para a vendedora trazer mais um terno e ainda fui fazer fotos profissionais com aquela roupa. A partir daquele dia, meus negócios melhoraram, porque venci os bloqueios que me prendiam, melhorei minha imagem pessoal e avancei meus resultados.

ANOTE ESTE CÓDIGO: RESULTADOS CURAM.

Faça um teste simples, leia o seguinte nome e pense

em apenas uma palavra sobre essa pessoa: *Silvio Santos*. Agora observe que a palavra que veio à sua mente diz não só sobre como você o vê, mas também sobre você. Por exemplo, se você o viu como elegante, é porque sente falta de algo de elegância em sua vida. Entenda que, quando uma pessoa elogia você, ou ela não carrega essa característica, ou não a potencializou em si mesma, ou não tem coragem de transbordar. O ser humano possui reservas mentais, que são preconcepções e pensamentos negativos sobre outras pessoas ou coisas. Isso faz com que você crie certas expectativas a respeito das pessoas e o impede de acessar outras coisas maravilhosas que elas podem ser.

Você é pior do que as pessoas pensam, e seu próximo também.

> **UM GENERAL DO REINO NÃO ENTRA EM UMA GUERRA QUE NÃO É SUA.**

A boa notícia é que o rótulo que você dá a alguém pode ser alterado de acordo com o conhecimento que você passa a ter sobre a pessoa. Muitos que me assistem pela primeira vez e me ouvem falando de Deus me rotulam como religioso. Depois que assistem a mais um pouco e me ouvem falando sobre dinheiro, mudam o rótulo para capitalista. E, se continuarem me conhecendo, vão permanecer mudando o rótulo, tudo depende da perspectiva pela qual você observa algo.

Certa vez a diretora do meu documentário perguntou

se eu me achava extraordinário. Respondi a ela que, se eu olhasse para mim pela percepção de alguém que não tem a identidade revelada, que não cresce, não prospera, não tem sabedoria e nem riqueza, que não sabe o que é *networking* e tudo mais o que ensino, então sim, eu seria extraordinário. Mas, se eu me olhasse pela perspectiva das pessoas com as quais convivo, as que possuem coisas mais fortes do que eu carrego, eu me acharia apenas mediano. Já na ótica do Trono, Deus sabe quem eu sou e sou muito fraco. Não transbordo o suficiente e sou muito cartesiano. Na Palavra diz: "Tudo é puro para os puros" (Tito 1:15), isso significa que depende do olhar. Você deve olhar para as outras pessoas sem julgamento e com aceitação, exatamente como Deus o vê.

CHAMADO

Marcos Paulo

Quero falar com você que ainda não sabe qual é seu chamado, seu propósito. Você pode se perguntar "o Marcos do marketing digital vai falar sobre isso?" Exatamente. Eu também já me senti perdido, e quero revelar as loucuras que fiz pelo chamado sem ao menos reconhecê-lo.

Eu não tenho tanta profundidade para falar sobre o Reino, e não quero falar por falar, independentemente se for para uma pessoa ou para 15 mil. Mas muito mais que falar, eu vou contar o que está escrito no livro da minha vida.

Eu não sei se você já andou de helicóptero, mas, no dia em que andar, vai se lembrar de mim, principalmente se for em São Paulo. Quando estamos em São Paulo, uma cidade com ar bem poluído, em cerração, só se consegue ver lá do alto a poucos quilômetros de distância, ou seja, não há uma visão ampla do que está à sua frente no helicóptero. Nas primeiras vezes é agoniante, pois você acha que vai bater no prédio que está a um quilômetro de distância, porém, a visão é progressiva: aos poucos você vai andando e enxergando, e a aflição que você estava em seu coração vai desaparecendo, porque você está enxergando o caminho.

Talvez você não esteja enxergando o caminho do seu chamado. Eu não enxergava o meu, mas hoje eu sei qual é. Foi caminhando, com visão progressiva, que eu o encontrei. Mas, Marcos, como isso vai ficar claro para mim? Vamos lá...

Quando eu tinha nove anos de idade, comecei a vender tornozeleiras e pulseirinhas hippies que aprendi a fazer com meu primo. Aos quinze anos, eu vendia cintos e sapatos na feira da Lua, em Goiânia. Meu apelido era "ligeirinho", porque eu tinha duas bancas de cinto, e, quando não tinha um cinto numa banca, eu saía correndo para pegar na outra. Eu estudava em um colégio intermediário e confesso que eu sentia vergonha de ir trabalhar na feira, mas eu ia. Eu não entendia o que estava fazendo, a minha vontade era de não ir, mas não parei.

Guarde essa mensagem para sua vida: **os pontos do passado só se conectam no futuro.** Eu vendia cintos e não entendia o porquê, mas foi ali que eu aprendi a vender, a negociar, a quebrar meu ego. Foi uma fase muito importante para mim.

Aos dezessete anos, fiz cursinho pré-vestibular. Eu já tinha entrado numa federal, mas não gostei, então saí e entrei no cursinho só para saber o que eu iria fazer. Eu estudei demais, muito mesmo, e passei em todos os cursos que queria, inclusive Medicina. Resolvi fazer engenharia e fui trabalhar como corretor de imóveis.

Percebi que engenharia não vibrava mais no meu coração e foquei na imobiliária, decidido que faria aquilo explodir. Abandonar engenharia em uma faculdade federal pela segunda vez é bem doloroso, porque é preciso enfrentar os pais, os amigos, a sociedade, todo mundo que sonha com uma vaga na federal.

Você pode estar passando por vários momentos dolorosos e não entender o porquê. A questão não é viver sem dor, pois a dor se faz presente o tempo todo se você está em crescimento. Se estiver confortável, você não cresce, mas, se tiver um prego na sua cadeira, você levanta na mesma hora. É o desconfortável que gera movimento, e só é possível ter visão progressiva ao se mover.

Como eu disse, os pontos do passado só se conectam ao futuro. Eu não entendia o que estava vivendo e me perguntava se eu era louco, pois ninguém me apoiava e eu achava que iria me arrepender. Doía muito, mas a grande moral da vida é viver em paz. Por mais que doesse, no meu íntimo, eu estava convicto de que era aquilo o que eu deveria fazer.

Anote o que é paz: paz não é a ausência de conflito ou confronto, paz é a presença de convicção.

Abandonei a segunda faculdade e fui trabalhar no negócio da família como corretor de imóveis, mas, no meio do percurso, a imobiliária também parou de fazer sentido, então eu decidi focar em marketing digital. No fim das contas, eu havia abandonado duas faculdades federais e o negócio da família, que estava indo super bem. Por conta disso, vivi mais momentos de confronto e dor, mas minha convicção não mudava.

Você certamente sabe de várias coisas que precisa fazer, as loucuras que deve cometer para alcançar seus objetivos, mas a dor o paralisa, você tem medo. Acredite, é melhor viver com dor e em paz do que viver no conforto, mas incomodado. A paz de um general é na guerra, na dor.

Foquei no marketing digital, porém fiquei um ano sem ter resultados e me endividei em 40 mil reais sem ninguém saber, porque, se eu contasse, eu seria chamado de louco. Hoje, vendo meus resultados, é fácil de entender e aceitar essas atitudes, mas no passado eu não tinha tanta clareza, não percebia que era o chamado me empurrando.

Mesmo que não saiba o como ou o porquê, você tem que seguir sua intuição, essa conexão interior. Acredite, o chamado vai te empurrar, basta você aceitar aquilo que nasceu para fazer e se colocar em movimento. Esse movimento vai doer, mas continue.

Eu me orgulhava em ser o cara dos bastidores, que sempre ficava atrás das câmeras. Nunca imaginei falar para três pessoas, imagine quinze mil! Quero agradecer ao Pablo Marçal, porque, se não fosse por ele, num evento na Avenida Paulista, em que ele jogou o microfone na minha mão e saiu correndo, eu nunca teria destravado para falar. Isso só aconteceu porque eu decidi fazer aquilo, mesmo que doesse.

O chamado vai empurrá-lo, mesmo que você não queira e não saiba o que tem que fazer, basta não ser resistente.

Se eu não tivesse aberto a boca, a mulher que me abraçou hoje e disse que emagreceu doze quilos porque fez meu desafio não teria vivido essa transformação. As mensagens que recebo dos alunos não aconteceriam, talvez a digitalização do Pablo Marçal teria demorado muito mais para acontecer.

No seu íntimo, você já conhece seu chamado. Você não vai saber o final do percurso, mas saberá os próximos dois quilômetros que precisa andar. Imagine um carro viajando à noite: o farol só clareia os próximos duzentos metros, e não a pista inteira. Para você de fato viver as experiências do seu chamado, vai ser de duzentos em duzentos metros.

As coisas que nos trouxeram até aqui não vão nos levar ao próximo nível. As pessoas que nos trouxeram até aqui não nos levarão ao próximo nível. Isso quer dizer que precisamos trocar as pessoas? Eu não sou bobo de objetificar o ser humano, mas entenda: um homem e um rio nunca se encontram duas vezes.

O Pablo de três anos atrás em vários pontos não é mais o Pablo de hoje, assim como o Marcos de três anos atrás não é o mesmo de hoje, por isso estamos juntos na caminhada. Se eu fosse o mesmo Marcos de três anos atrás, a desconexão aconteceria naturalmente. A boa notícia é que não precisamos trocar as pessoas, mas as pessoas por si só precisam evoluir, porque, se mantiverem a mesma mentalidade, com certeza não faz sentido para o seu chamado andar em unidade com elas, não faz sentido estar conectado a elas, pois, em vez de serem combustível, elas serão âncoras para aquilo que você foi chamado a fazer.

Um dia desses o Pablo chegou lá em casa e me chamou para comprarmos um jato. Na minha cabeça, não fazia sentido, mas ele me disse que, se eu não acompanhasse, ficaria para trás, pois era um novo destravar. Se eu não acompanhasse, acabaríamos nos desconectando, pois nossa frequência se distanciaria muito.

Quando cheguei a Goiânia, a primeira Plataforma Internacional tinha apenas cinco pessoas, e não tinha nada de Internacional, mas o Pablo já tinha uma frequência diferente, ele conseguia ver à frente, a visão dele era mais progressiva que a minha, por isso eu não conseguia enxergar. Mudamos para São Paulo e as coisas cresceram, me surpreendi e vi que o que ele falava um ano atrás agora era realidade, mas sempre foi real na cabeça dele.

Se as pessoas com quem você anda não vibrarem na mesma frequência que você, elas não o levarão ao próximo nível, vão atrapalhar seu chamado e o cumprimento do seu propósito.

Eu tomei várias decisões difíceis: abandonei duas faculdades, larguei a imobiliária, me endividei no marketing digital e fiquei sem resultados, mas eu estava convicto do que eu queria fazer. Se você errar uma vez, está tudo bem. Mas, se errar três, quatro, cinco vezes, na mesma coisa, você é um idiota. Errar uma vez na dieta é aceitável, mas errar duas vezes faz de você um idiota. Jogue fora tudo o que não é saudável, desinstale o *ifood*, não aceite convite para comer o que não é saudável, e assim será impossível você não comer bem, pois não há outra alternativa. Quando não existe plano B, o plano A tem que funcionar.

Não faz sentido algum você errar várias vezes na mesma coisa. Escolha os ambientes que você frequenta, anule as possibilidades que o atrapalham, atrasam, travam e o tiram do seu chamado de maneira consciente.

Eu só perdi o medo de falar há alguns meses, em um evento em Caldas Novas. Ou seja, eu fiquei falando por um ano e quatro meses com medo, e todas as vezes em que eu entrava no palco, era ruim. Naquele evento, falando para mais de três mil pessoas, percebi que já não tinha mais problemas para falar em público, agora era questão de evoluir e ficar cada vez mais eloquente.

Agradeço publicamente ao Pablo por ter jogado o microfone em minhas mãos e peço desculpas por algumas vezes tê-lo chamado de idiota. Agradeço-lhe por ter elevado minha frequência e quero dizer que cumprir o chamado é dolorido. Quando ele me chamou para morar em São Paulo, eu aceitei na hora, mas foi difícil para mim. Eu fiquei morando no Ibis Tamboré por um mês até encontrar um apartamento, e todos os dias eu chorava com vontade de voltar para Goiânia. Deixei para trás família, namorada, era doloroso morar sozinho ali. Eu não sabia o porquê, mas eu tinha que ficar lá. O mais louco de tudo é que eu não sabia qual era meu chamado e muitos de vocês sabem qual é o chamado de vocês, mas não tem coragem de partir para a ação. Peço-lhes que não sejam resistentes, façam o que tem de ser feito!

Como encontrar seu propósito? Ninguém precisa lhe dizer, ele está dentro de você. Como mencionei anteriormente, dos múltiplos propósitos, o primeiro é governar, e, para governar, você precisa dominar sobre si mesmo. **Ter domínio próprio significa controlar os impulsos e as emoções.** Se você não os dominar, eles dominarão você e seu lado racional será comprometido, o que gera prejuízos em seus relacionamentos e faz com que você tenha atitudes impensadas.

Quero compartilhar com você uma história muito poderosa da Bíblia que fala sobre propósito. Talvez você já a conheça, mas ainda não a tenha analisado por essa ótica. Estou falando da história de Davi. Caso não saiba, a primeira profissão de Davi foi ser bastardo. Seu pai, Jessé, não o assumiu, o rejeitou e ainda o escondeu. Ele morava com a mãe, a dezesseis quilômetros da casa do pai. Aprenda algo com isso: não adianta ninguém tentar escondê-lo, Deus vai o achar, e, ainda que sua vida não tenha sido tão brilhante, Ele usará canais para chegar até você.

A segunda profissão de Davi foi cuidar das ovelhas do pai, da mãe, dos irmãos, de todos. Além de rejeitado, tinha o trabalho de cuidar da renda de todo mundo e ainda era perseguido por seus irmãos. Conforme o Salmo 69, os irmãos inclusive tentaram matá-lo. Ele foi acusado de ser ladrão e muitas vezes precisou restituir aquilo que não roubou. Mesmo assim, Davi tinha um coração puro diante de Deus.

Sua terceira profissão foi a de entregador de marmitas, que nada tem a ver com Golias, mas ele foi preparado para isso no processo. Assassino de filisteu foi a quarta profissão de Davi. Além disso, ele foi músico, tornou-se capitão do exército e, por fim, rei de Israel.

Davi foi configurado para ser amargurado, aterrorizado, destruído de alma, para não cumprir o propósito; aquilo foi piorando e o tornando violento. Ele se tornou um homem de guerra, o mais sanguinário da história de Israel. Muitas vezes Deus falava que ele não precisava fazer nada para ganhar a guerra, mas ele queria usar as próprias mãos e matar todo mundo.

> UM GENERAL DO REINO NÃO ENTRA EM UMA GUERRA QUE NÃO É SUA.

Jamais faça isso. Várias vezes o seu propósito vai ser testado por propostas, mas nunca negocie recompensas imediatas para aquilo que Deus o chamou para fazer. Veja o exemplo de uma pessoa adúltera. Em vez de tentar resolver os problemas existentes em seu casamento, ela busca uma solução rápida, e assim acaba com sua família e com a história que estava sendo construída. Entenda que proposta é como um chumbo que você amarra na perna, um grande peso. Experimente pular num lago com esse chumbo. A descida pode até ser boa, mas você não sobe mais.

O que trava seu crescimento é chegar a sua hora e você falar: "Isso não é comigo, não é para mim."

Acontece que você já foi preparado para esse tempo, para ir lá e derrotar o Golias. **O grande lance da história de Davi não está em Golias, mas em Davi viver uma vida inteira sem descobrir que era rei de Israel.** Ele não tinha nenhuma probabilidade natural de ser rei: seu pai o escondeu, seus irmãos o rejeitaram e o humilharam, ele não estava em idade para guerrear e o Senhor o mandou explodir, colocando para fora tudo o que tinha.

Quando você se levanta para cumprir o propósito, como Davi fez quando falaram mal do Deus de Israel, muitos vão falar, menosprezar e tentar fazê-lo parar. Entenda que, se Deus colocou algo em seu coração, nada mais importa. O sucesso tem cheiro de individualismo; mas o propósito, de unidade no Reino.

> UM GENERAL DO REINO NÃO ENTRA EM UMA GUERRA QUE NÃO É SUA.

Existe uma grande diferença entre unidade e união. Pense em um saco com várias laranjas. Elas estão juntas, em união, mas se você rasgar o saco, elas irão se dispersar. Agora imagine que você espremeu as laranjas por um mesmo propósito: fazer suco. Então elas estarão em unidade, pois é impossível dividir as laranjas espremidas. É a unidade que gera propósito.

Quando as pessoas o virem cumprindo o propósito, vão querer lhe dar armaduras que não são suas e negociar com você em várias coisas, mas é apenas insegurança delas. Foi o Senhor que o chamou? Vá do seu jeito. Saul tirou sua própria armadura e a ofereceu a Davi, seus irmãos tentaram fazê-lo parar, mas ele não desistiu.

Quando alguém lhe der prejuízo, governe sobre isso. Davi nunca soube que era rei de Israel, mas, quando ele era apenas bastardo, governou sobre esse sentimento. Não dava para ele saber que era rei naquele momento, mas a resposta vem no percurso, a cada fase. Quando você é do Reino, sente que será grande, mas não precisa ter certeza de nada.

> **UM GENERAL DO REINO NÃO ENTRA EM UMA GUERRA QUE NÃO É SUA.**

O que você ainda não entendeu sobre o propósito é que, se durante o percurso você perceber que há algo que você não seja, também não o será no final. Afinal, o propósito não é uma função, a função é apenas uma fase. A função em que você está hoje é um armamento para o próximo nível. Ainda sem saber que o palácio era seu, Davi entrava nele para tocar música. Essa função era o acesso, uma fase para o próximo nível. A maioria de nós para na fase do Golias e não cumpre aquilo que Ele nos chamou para fazer.

> **UM GENERAL DO REINO NÃO ENTRA EM UMA GUERRA QUE NÃO É SUA.**

Quando você bate em alguém fraco que está na função, ele cai; quando bate em alguém que está no propósito, ele multiplica. Durante 400 anos, quanto mais batiam nos hebreus, mais fortes eles ficavam; quanto mais batiam no povo de Israel, mais fortes eles se tornavam.

Não ame as funções. O palácio é seu, ele é que precisa de você, e você está sendo preparado para isso. A próxima coordenada é: avance. Quando você dá um passo seu, Deus dá o outro dEle, mas, se você se importa com o que os outros falam, não irá cumprir o propósito, pois não será capaz de dar sequer um passo.

Hoje é o dia em que você vai parar com essas meninices? Está escrito em 1 Coríntios 13:11: "Quando eu era menino, falava como menino, pensava como menino e raciocinava como menino. Quando me tornei homem, deixei para trás as coisas de menino." Quando você irá se tornar homem e abandonar as atitudes de menino? Quando você vai abrir aquele negócio que Deus colocou no seu coração? Quando vai deixar de lado essa terrível necessidade de aprovação?

Em todas as profissões pelas quais passei, eu questionava o porquê ao Senhor. Eu já fui produtor de eventos e não entendia o que eu estava fazendo, e Ele me falou que eu estava ali para aprender, pois eu produziria os maiores eventos da Terra. Aos nove anos, eu aprendi sobre mineração, conheci o garimpo, e isso só veio a fazer sentido agora, pois hoje eu estou entrando na mineração e, naquele momento da infância, eu não sabia, mas eu estava sendo preparado para governar sobre isso.

Não precisa ficar ansioso a respeito do propósito, apenas pergunte-se: **O que eu preciso fazer agora? Do que eu preciso abrir mão? Que decisão eu preciso tomar agora? De qual pessoa eu preciso me desconectar?**

Eu não entendia por que fui perseguido pelos irmãos que eu tanto amava. Eu tive muita raiva e chorei muito por isso. Mas o problema não eram eles, os irmãos estavam corretos, se não fosse assim, eu não teria saído para fazer o que Deus queria que eu fizesse. Deus quebrou minha linguagem e aumentou a intensidade para me fazer correr. Quando você não entende a leveza do propósito, Deus coloca dureza no coração de alguém. Se você demorar a entender o propósito, vai lhe custar muito mais.

> UM GENERAL DO REINO NÃO ENTRA EM UMA GUERRA QUE NÃO É SUA.

Se você não cumpre uma fase, não acessa ao próximo nível. Quando você ainda mora na casa dos seus pais, seu propósito é honrá-los e estar debaixo da governança deles, mas, quando você sai da casa deles, seu propósito é cuidar da sua própria família, da sua própria vida. **Cada passo que você dá irá liberar uma nova fase do seu propósito, e essas fases são acompanhadas por novos bloqueios, que você deve ressignificar.** Quando avançar, seu propósito vai mudar, mas o fim sempre é o mesmo: a glória do Reino, e isso não vai mudar.

Tudo o que lhe aconteceu faz parte do seu propósito. Absolutamente tudo.

O que o capacita é o percurso, é quando você se joga e cria suas experiências. A capacidade é obtida por quem investe, acorda cedo, se desgasta e vai atrás. A sabedoria não é uma aquisição feita no caminho, mas é uma recompensa exclusiva para os praticantes do transbordo. Seja praticante, não apenas um ouvinte. Busque conhecimento para transbordar, ensinar, fazer a diferença na vida de outras pessoas. Acredite, o pouco que você sabe hoje é remédio para quem está morrendo, por isso pare de dar desculpas e comece a transbordar. Abra a boca, ponha em prática o que você aprende, somente assim você dará resultados e irá adquirir sabedoria. O investimento que o Senhor faz é em quem está pronto. Você está?

> **UM GENERAL DO REINO NÃO ENTRA EM UMA GUERRA QUE NÃO É SUA.**

Todos temos dons, a diferença é o quanto você já escavou o seu. O chamado tem três pontos, formando um V: ele vem de Deus, bate em você como um espelho, e reflete de volta para Ele. Onde está a dificuldade? Quando desce dEle, você não consegue refletir de volta para Ele.

Existe uma questão de volumetria. Eu lembro que em 2005 eu não tinha nem dez horas de voo na fala, mas, quando comecei a falar, e falar, e falar, o volume foi subindo. Eu dei mais de três mil palestras gratuitas e aquele V foi enchendo, e, no meio do percurso, tem os bônus que Ele vai colocando. A cada nível atingido, você recebe uma bonificação, novos armamentos ou novas missões. Mas, se você não sai do raso, se você se mantém estável, por não crescer, você não experimenta os bônus. Ao subir mais a pressão, novos bônus vão sendo liberados.

Qualquer um que dedicar mil horas em uma coisa, dez mil horas em outra, vai virar perito naquilo. Se você quer cumprir o propósito, vai liberar um bônus na fase um: virá uma técnica nova, virão pessoas novas e resultados novos.

> UM GENERAL DO REINO NÃO ENTRA EM UMA GUERRA QUE NÃO É SUA.

Se você responde ao chamado e ele começa a crescer, só por repetição você progride e se conecta a novos caminhos. Subir a frequência dói, mas, quando você toma as decisões no caminho, vai subir mais um nível e liberar mais bônus. Os bônus do caminho não podem ser pegos se você está parado. Quanto mais volume e experiência vai sendo gerado, mais acesso você tem.

Se você não está conseguindo subir a frequência, mude o ambiente, depois mude as pessoas nos ambientes, e, em seguida, mude as ideias. Ideias são sementes que precisam morrer. Se a semente for orgulhosa e não morrer, ela não germina, mas, se ela secar, não dará frutos também. Então, o primeiro driver mental que você vai instalar para subir esse volume é: **se você viver de condição, não acessa um novo nível e vai ser sabotado.**

Não viva de condição, mas de decisão. Ou seja, não dependa das circunstâncias para agir, mudar a rota, sair do lugar. Decisão significa matar uma opção, e normalmente você foge disso porque essa ação faz você gastar energia. Seu cérebro sempre vai querer que você viva de condição, pois ele é um economizador. Mas, mesmo sem saber, dê um passo, porque, se você der um passo, você já avançou, até se cair. Pare de inventar desculpas para evitar as decisões.

> UM GENERAL DO REINO NÃO ENTRA EM UMA GUERRA QUE NÃO É SUA.

Não há como enxergar o final do propósito, o importante é que você só precisa enxergar a próxima fase. Se você está no propósito, não se preocupe com o que virá, apenas se preocupe em não se desviar da rota. Deixe-se ser teleguiado por Ele e viva como se não fosse problema seu.

É tempo de aceleração de resultados, é tempo de governar sobre a Terra, é tempo de aumentar o transbordo, **é tempo de tocar o terror na Terra.** Se você decidir, começará a ser usado pelo Senhor como não foi durante sua vida inteira.

TAREFA

Registre no espaço abaixo o que você entendeu sobre propósito. Em seguida, trace um plano de ação para começar a cumprir ou fortalecer o seu.

Não espere chegar à crise,
TREINE PARA VENCER

FREQUÊNCIA E ACESSO

Como você avalia o ano que passou? Se eu pedisse para você me apresentar todos os resultados que teve, você se surpreenderia ou ficaria ainda mais frustrado? Saiba que Deus é o maior investidor que existe e Ele faz questão de investir em você. Muitas vezes você reclama dos próprios resultados, mas quanto você devolve ao investidor? Quantos frutos você está gerando? O quanto você transborda diariamente? À medida que você produz e devolve, Ele coloca mais em suas mãos e acelera seus resultados, mas, se você fica parado, calado, guardando sementes, Ele freia o processo e investe proporcionalmente.

Este é um tempo de aceleração. É tempo de dar sangue, suor, lágrima e gordura. É tempo de escavação, de limpeza. Para alguns, o ano que passou foi um ano de avanço: dez anos de resultado em um, até mesmo cem em um. Outros retrocederam, pois não se permitiram entrar no mover. A tendência que temos para usar o mover que Deus colocou em nossas mãos é para o mal ou não usá-lo. Se você for contra esse movimento e usá-lo para o bem, o Senhor vai lançar uma luz sobre você e os outros dirão que você tem algo diferente.

Tem como acelerar o tempo, e eu afirmo que não é aumentando a velocidade, mas sim o movimento e a intensidade. Para isso, você precisa dar um salto de crença, deixar pessoas que prendem você para trás, abandonar a estabilidade e colocar pressão. Você não consegue voltar ou avançar no tempo, mas pode viver o que viveria daqui há dez anos no agora.

Às vezes você me ouve falando algo e não entende. A maioria das pessoas que se conectam pessoalmente comigo falam que não entendem o que eu digo. Eu respondo: "Tudo bem, não é pra você entender ainda, você está fora da frequência". Por conta disso, há pessoas que ficam cem por cento contra o que eu falo. Quem são os *haters*? A maior parte é formada por idólatras. Quando você vê alguém contra mim ou contra você, saiba que essa pessoa era muito fã ou chegava ao ponto da idolatria, mas, como tal pessoa não teve atenção, ela se desconectou daquela frequência e quer lutar contra você, porque não foi recepcionado.

Existe um potenciômetro dentro do seu cérebro e ele é muito simples, é um botão que você gira e aumenta ou diminui a frequência. Você não vai conseguir me entender se não estiver girando esse potenciômetro para acessar a frequência do que está sendo dito.

Se você quer aprender a aumentar a frequência, tem que mudar sua mentalidade, hábitos, conexões, ambiência, moldes e drivers. Caso você não saiba, drivers são a resposta imediata do seu cérebro, aquilo que pilota sua mente. Por exemplo, se você escuta a frase "tempo é..." possivelmente você a completará dizendo "dinheiro". E a verdade é que tempo não é dinheiro, tempo é vida! Muitos drivers estão instalados de maneira errada em sua mente, e você precisa desinstalá-los e substituí-los.

Quando eu falo que você tem que deixar a CLT e empreender, há pessoas que me perguntam: "Mas como o mundo vai ser? O que eu vou fazer?" Ou seja, ela não conseguiu captar a frequência e vai arrumar uma desculpa para que aquilo não "entre" na mente dela. Não tem problema, essa pessoa tem que ficar realmente com o que está fazendo. Se você não quiser, não aumenta o nível da frequência, mas também fica cada vez mais distante de seu propósito. É uma decisão que precisa ser tomada.

> UM GENERAL DO REINO NÃO ENTRA EM UMA GUERRA QUE NÃO É SUA.

Algumas pessoas buscam apenas passar por algo, são apenas

curiosas espiando, querem uma experiência de porta. Enquanto outras buscam o caminho, onde você realmente aprende e tem a vivência. A porta só faz sentido se ela te levar para um caminho novo. Eu tomei a decisão de não ser mais porta para ninguém, e sim ser caminho. Tomei a decisão de parar de palestrar em um só lugar e comprar um avião para ir atrás das pessoas. Há quem queira ter apenas experiência de porta, experiência instantânea, e não realidade de vida.

Na minha religiosidade, eu achava que eu não tinha que ser amigo, mas apenas servo de Deus. Ser amigo dEle foi o que transformou minha vida completamente. Ter amigos poderosos e influentes é muito bom, mas ter influência com o maior de todos é assustador. Se eu tivesse optado pelo sucesso, certamente eu teria deixado muitos se afogarem pelo caminho, mas o Senhor trabalhou no meu coração e eu abri mão do sonho de sucesso que eu tinha. Quando eu entendi o valor de ser amigo dEle e senti Seu coração, eu fui me transformando e deixei de ser um idiota.

Eu me sinto constrangido por tantas vezes ter vontade de deixar meu ministério e o Senhor não parar de sorrir para mim. O Senhor me ama acima das minhas falhas e, quando eu quis perder o meu coração, Ele não quis me soltar. Eu quase enlouqueci por riqueza, mas o Senhor segurou meu coração. Quando eu achei que tinha alcançado grande poder, Ele me mostrou que aquilo não era nada diante do poder dEle. **O Senhor guarda o meu coração dos meus olhos e não me deixa cair da soberba da vida.**

É dia de oportunidade. O Senhor tem liberado novos códigos e novas tecnologias, e é necessário que isso ocorra para acelerar. Só acesse.

Em 2008 eu vivi, pela primeira vez, o pior ano da minha vida. Era uma fase em que eu estava muito indignado, por estar distante das pessoas com quem eu queria estar. Eu não entendia o que elas falavam e ganhava vinte vezes menos que elas. Eu lembro que, no início do ano, alguns irmãos distribuíram na igreja um pequeno panfleto dizendo que aquele ano seria o melhor de nossas vidas, mas eu via muitos que oravam, oravam, e não tinham resultados. Decidi então utilizar a energia dessa minha crise e fazer o oposto do que estava escrito naquele bilhete: **eu iria viver o meu pior ano.**

O pior ano não é ruim, mas é assustador. Foi o ano em que eu li livros que nunca tinha lido antes, cinquenta e dois no total, também modelei cinquenta e duas pessoas, não assisti a nenhum filme sem propósito, não me diverti, só dediquei sangue, lágrima, suor e gordura para mudar de vida. Resumindo, quando terminei o meu pior ano, em 2009, tive resultados exponenciais. Foi o ano em que eu me tornei o executivo mais novo do país de uma grande empresa de telecomunicações, com duzentos funcionários. Eu acessei uma nova frequência assustadora.

Atualmente eu promovo essa mesma transformação dentro do meu treinamento "O Pior Ano da Sua Vida", que traz dez anos de resultado em um àqueles que se comprometem a cumprir as tarefas e a dar tudo de si. Algumas pessoas têm medo do nome "O pior ano da sua vida" por superstição, por medo. Troque esse nome por "acelerador de tempo". De fato, não é um ano ruim, e sim dedicado intencionalmente para você explodir sua cabeça, tirar todo o lixo, desmontar todas as operações de vícios, procrastinação e besteiras. Vou falar algo que está no meu coração: **nenhum ancestral ou parente seu conseguiu chegar no nível a que você vai chegar.**

Há um preço a se pagar para viver essa transformação, e a verdade é que quase ninguém quer passar por isso. Com todo o respeito, se quiser fazer algo, você vai precisar sair do lugar.

UM GENERAL DO REINO NÃO ENTRA EM UMA GUERRA QUE NÃO É SUA.

Se você se comprometer a viver o seu pior ano (e não precisa ser dentro do meu treinamento), começará a acessar uma frequência que nunca experimentou antes. E é simples: se você é alguém que acessa a frequência, você acessa o resultado.

Esses dias eu estava conversando com um grupo em que os participantes me disseram que parecia simples o que eu estava dizendo. Expliquei para eles que esse conhecimento era como uma blindagem transparente, com 4 metros de espessura. Você a vê, mas não consegue tocá-la. Por quê? Porque você não tem frequência para isso.

A frequência determina se você vai desfrutar ou não, por isso a importância de elevá-la. O Éden tinha uma frequência, e, por causa de Adão, não conseguimos mais acessá-la. A frequência é capaz de atravessar qualquer coisa e é uma arma poderosa, só depende de um emissor e um receptor. Para nos comunicarmos, emitimos uma frequência que sai do nosso diafragma e causa a emissão da voz.

> **UM GENERAL DO REINO NÃO ENTRA EM UMA GUERRA QUE NÃO É SUA.**

Algumas pessoas acham que entrando no programa O Pior Ano vão ganhar velocidade, mas não é só isso que traz resultados. O que realmente vai resolver é conectar o espírito ao propósito, a alma assumir o governo e o corpo assumir o desfrute dentro do propósito. Eu quero ensinar você a girar esse potenciômetro e elevar sua frequência.

Há muitas coisas que estão impedindo seu crescimento. Se você não entende de governo, não irá governar nunca. Quem não anda com Deus fala que várias coisas são impossíveis, e, na verdade, essa pessoa nem dá conta de fazer o que é possível. **Mas, quando é Ele quem o chama, duas coisas acontecem: o impossível e o milagre.** Se Ele estiver na festa e o vinho acabar, Ele transforma a água em vinho. O código é: não existe o impossível; se existir o impossível em sua vida, na verdade, não existe Deus. Quando você entende de quem é a verdadeira força, põe na conta dEle. O impossível é para quem é fraco, para quem não tem o maior parceiro ao lado, Jesus.

Tudo o que você fala revela quem você é. Em sua vitimização, Pedro falou que deixou tudo para seguir a Jesus, quando na verdade foi o primeiro a pular fora quando Jesus foi sacrificado, no percurso da crucificação. Jesus respondeu que não há ninguém que tenha abandonado o que quer que seja que não o tenha recebido cem vezes mais já neste tempo. Você está pronto para acessar a carga de energia cem vezes mais?

Em todo seu processo de transformação, haverá um movimento para fazer você desistir. **No primeiro estágio, vão olhar para você e criticar**, e a maioria retrocede por causa disso. A questão aqui é sobre o tanto que você aprende a apanhar, absorver o impacto e continuar de pé. Aprenda a apanhar (capturar frequência) e canalizar energia. Hoje é dia de você entrar em uma frequência nova. **Repita: Eu acesso essa frequência nova.**

No segundo estágio, vão debochar de você. Se você conseguir sair da agressão verbal e emocional, ignorar as críticas e deboches, sua frequência vai subir e você vai estar pronto para a próxima fase, quando as pessoas olharão para você e falarão: **Por favor, ensina-me.**

A melhor coisa que tem na vida é prosperar tanto a ponto de todo mundo que falou de você procurá-lo e pedir perdão. Você precisa disso? Não. Mas é muito bom sentir a manifestação da glória de Deus. Lembre que, se você depender de elogio, cairá na primeira crítica. Quando há dupla honra, ninguém o segura.

UM GENERAL DO REINO NÃO ENTRA EM UMA GUERRA QUE NÃO É SUA.

Você vive uma vida de altos e baixos, uma senoide, com momentos de alegria e de tristeza. Não tem como ser diferente, porque a própria frequência é senoidal. Precisamos dos momentos de baixa, que são os períodos de descanso. É como um jato, usando 110% de potência para decolar. Se depois de 5 minutos continuar com esta potência nas turbinas, elas explodem; então, após a decolagem, a potência vai diminuindo até chegar no voo de cruzeiro, o qual utiliza apenas 85% da potência.

No último ano, eu recebi, em minha casa, cinquenta pessoas que declararam publicamente ataques pessoais contra mim, e as recebi em minha mesa com um sorriso, lembrando do Salmo 23. A Carol costumava dizer que não conseguia olhar nos olhos de alguém que falava tanto mal de mim, e eu falei para ela que, quando Deus nos dá honra, nobreza, não devemos nos preocupar.

Todos os que se levantaram contra você, quando o virem numa rotação superior, na frequência do Reino, se curvarão a você. Se você é um reinante na Terra, tudo é bom. Repita: **a minha alma governa sobre todas as coisas.** Quando você for como Jesus, se sentará com o seu maior inimigo e o olhará para ele com olhos de pureza. Se você é reinante, você é nobre. Hoje muitos ficam constrangidos pelo que fizeram comigo, mas, a cada vez que alguém me persegue, eu dou um grande salto.

O Senhor me ensinou que eu não sou o amor, o amor é dEle, não é qualidade humana, e eu também entendi que não sou misericordioso, a misericórdia é dEle. Se Ele é misericordioso com as pessoas, eu também devo ser todos os dias.

Tenha paciência com os otários, porque você também já foi um. Tenha paciência com quem fala mal de você, porque você também já falou mal de alguém. **Para acessar uma nova frequência, você precisa perdoar.** Perdoar é liberar tanto o perdoador quanto o perdoado. O perdão faz você se desconectar do perdoado e recuperar a sua energia, enquanto quem não perdoa só faz administração de prejuízos. Se a pessoa merecesse, ela não teria errado com você. Ao perdoar, você anula a dívida do perdoado, mas não restabelece o crédito.

> **UM GENERAL DO REINO NÃO ENTRA EM UMA GUERRA QUE NÃO É SUA.**

Em Mateus 6:14-15, diz: "Porque, se perdoardes aos homens as suas ofensas, também vosso Pai celeste vos perdoará; se, porém, não perdoardes aos homens, tampouco vosso Pai vos perdoará as vossas ofensas." Esse trecho explica que seu perdão está condicionado, ou seja, você deve perdoar primeiro para ser perdoado. Faça pelos outros para que Deus faça sobre você.

Existem três níveis de perdão:
1. Autoperdão para as coisas que você fez consigo mesmo;
2. Autoperdão para as coisas que você fez para os outros;
3. Perdoar o próximo pelo que ele fez para você.

Depois de perdoar nesses três níveis, você deve passar para a fase da blindagem emocional, na qual você não perdoa mais ninguém, porque você não retém nada e não deixa ninguém entrar, assim não precisa mais limpar seu coração.

Imagine a seguinte situação: uma pessoa joga um pacote com fezes para você, ofendendo-o. Se você aceita a ofensa e guarda, é como se você abrisse o pacote e passasse essas fezes pelo seu corpo, ficando sujo e fedido, e quanto mais você remói essa ofensa, mais excremento passa sobre si e a fedentina volta a ficar forte. É preciso jogar fora esse pacote e usar a água da vida para purificar-se. Quando chegar ao nível três e jogarem o pacote para você, simplesmente você vai desviar dele e falar "não tenho nada a ver com isso".

Quem é nobre não se ofende com ninguém e não

é porque é melhor que os outros. Em Provérbios 4:23, está escrito: "Sobre tudo o que se deve guardar, guarda o teu coração, porque dele procedem as fontes da vida." Portanto, guarde seu coração, perdoe, seja nobre com as pessoas. Assim você chegará a uma nova frequência.

> **UM GENERAL DO REINO NÃO ENTRA EM UMA GUERRA QUE NÃO É SUA.**

Agora quero falar sobre acesso. Não existe mágica, cada coração tem um acesso, assim como cada cérebro, e coração e cérebro possuem acessos diferentes. Há coisas que acessam alguns corações e não acessam outros. Um elogio acessa o coração de alguém que depende de aprovação, por exemplo. Se você quer acessar o coração de Deus, precisa descobrir a única coisa que acessa o coração dEle: gente.

Para acessar pessoas e relacionamentos, você pode utilizar a ferramenta das linguagens do amor. No total, existem cinco linguagens do amor: palavras de afirmação, tempo de qualidade, presentes, gestos de serviço e toque físico. A linguagem da Carol, por exemplo, é tempo de qualidade. Então eu posso comprar qualquer coisa e dar de presente para ela, mas, se não passarmos um tempo juntos, eu não acesso o coração dela, pois ela não se importa com coisas.

Salomão fala que, para chegar diante de um poderoso, o acesso é um presente. Ele disse há três mil anos e isso funciona até hoje. Se você quer acessar alguém poderoso, leve um presente na frente.

Quando você sabe que alguém pode resolver seu problema, o acesso é inevitável. Você, por exemplo, pode não acessar Jesus na multidão, mas você tem amigos que podem fazê-lo descer pelo telhado e assim chegar a Ele.

Mesmo com as minhas habilidades e a minha forma de resolver as coisas, eu jamais teria chegado aonde cheguei se eu não tivesse acesso. Por mais que você se sinta longe, se você pegar a frequência, você tem acesso. No Reino, as pessoas que pagam mais caro para estarem mais próximas não diminuem em nada aquelas que pagaram um valor menor e estão um pouco mais distantes. Mas você precisa entender que deve fazer o possível para estar mais próximo ao centro, não só do Senhor, mas dos moveres, dos movimentos. **Tenha como objetivo alcançar uma nova frequência, o próximo nível.** Encha o seu coração de alegria e entenda que é só acessar o próximo nível de energia, de frequência.

Não somos raros, mas Deus nos fez únicos. Quando você entender o que o Senhor lhe colocou para fazer, vai perceber que a única diferença entre você e as outras pessoas é só a frequência. Há pessoas em eventos que não precisam pagar ingresso. Por quê? Porque elas têm acesso. Porque elas acessam pessoas e simplesmente falam que precisam estar lá. Quando você quer ir a um show, mas não tem acesso, precisa comprar o ingresso.

No Reino, você é o acesso das pessoas, e pessoas são acessos de outras pessoas. Se você quer ter acesso ao coração de alguém, instale **reciprocidade** nela. Reciprocidade é quando você investe no coração e essa pessoa sempre vai ficar lhe devendo. Entenda que sua vida está a serviço de outras vidas, e, quando você serve e gera valor a alguém, automaticamente você instala o gatilho da reciprocidade e também será servido e reconhecido por ela. O cérebro dessa pessoa fica eternamente em dívida, por mais que ela faça o mesmo que fez por você. Em outras palavras, reciprocidade é um investimento infinito, um favor imerecido, feito sem obrigação.

Qual é o mais poderoso de todos os acessos? A sabedoria, e a pessoa da sabedoria é Jesus. Colossenses 2:3 fala que nEle estão escondidos todos os tesouros da sabedoria. E como achá-la? Ache aquele que andou sobre as águas, que foi transfigurado, em conexão com duas pessoas em milênios diferentes. Ele precisou transfigurar-se para encontrar com Elias e Moisés, cada um em um milênio. O redemoinho em que Elias entrou estava em uma data e a sarça que pegava fogo em outra. Jesus estava em outra data, mas os três se encontraram em um único acesso. Ali, Elias fala para Jesus que estão consumadas todas as profecias; Moisés fala que toda a lei se cumpre em Jesus. A dispensação da lei e das profecias se encontram no *kairós* e desce ao *chronos*. Esse é o acesso mais pesado que eu já vi da Bíblia.

Kairós é o tempo de Deus, o relógio do Trono. Ele não é contado cronologicamente. É um relógio existencial, que não dá volta, não mede passado, presente e futuro, só tem o Eterno, só a existência nEle. Se alguém consegue acessar o kairós e o traz à Terra, arruma uma doideira! Há três tempos: antes da fundação do mundo, o *chronos* (que é o agora), e o *kairós*. Se você observar, existe uma distância grande entre eles. **Você está em um tempo muito distante daquele para o qual foi chamado.**

Leve a sério a palavra acesso. Você já o tem liberado, mas você não acredita que pode entrar. O que faz você não acessar algo que está em seu coração? Falta coragem? Pense em um pássaro. Você acha que o pássaro precisa ter coragem para poder voar? Alguém o empurra, mas, se ele não for empurrado, será impulsionado a se jogar. Não existe manual de voo.

> **UM GENERAL DO REINO NÃO ENTRA EM UMA GUERRA QUE NÃO É SUA.**

Então, como acessar? **A palavra mais poderosa do acesso é liberdade**. Quando você entende essa palavra, percebe qualquer coisa que tente atrapalhar você, porque tirou sua liberdade. A árvore do conhecimento do bem e do mal foi uma prova de amor de Deus para com Adão e Eva, um acesso para que saíssem se assim quisessem. Se não existisse esse acesso, também não existiria a liberdade. Não existe paraíso sem saída.

DECIDA PELA LIBERDADE

Rogério Carvalho

Fui um dos participantes do La Casa Digital, *reality show* promovido por Pablo Marçal em 2020. No penúltimo dia de transmissão, ele pegou um cheque enorme, de um milhão de reais, e pediu para cada participante dizer porque merecia ganhá-lo. Naquele momento eu fiquei quieto e perguntei para Deus por que eu merecia aquilo, pois eu achava que não merecia. Naquela época eu ainda era padre, e o voto de pobreza estava impregnado em minha mente, mas Deus falou comigo e eu respondi: "Eu mereço para provar para as pessoas que esse voto de pobreza não me pertence mais."

Isso é muito bonito de escutar, mas você não sabe o tanto de problemas que trouxe para minha vida. Até minha mãe foi contactada para me fazer parar de falar, pois eu não poderia estar expondo isso em rede nacional, na internet.

Quando você decide ser livre e viver a liberdade, todo um sistema vai querer pará-lo, até irão atrás das pessoas que são mais importantes para você. Minha mãe me ligava chorando, questionando o que eu estava fazendo e eu só sabia responder: "Mãe, eu sou livre, eu não devo nada a ninguém, eu não preciso mais viver preso a pensamentos, ideias, ideologias que não mais condizem com aquilo que Deus colocou no meu coração".

Eu paguei o preço e estou pagando até hoje. Não é fácil, diariamente recebo mensagens desaforadas, mas só quero dizer: deixe o povo falar. Cumpra o que Deus pede ao seu coração. As pessoas me perguntam se eu me arrependo de alguma coisa, e a resposta sempre é a mesma: nem saudades eu tenho mais.

A liberdade é um dom do Criador. Deus nos fez livres, eu nasci para ser livre. Este atributo, a liberdade, está no ser humano, é intrínseca a nós. É por isso que, no fundo do coração, há sempre uma sede no ser humano por viver não mais por uma determinação de fora, mas uma vida interior, livre de opiniões, críticas e elogios dos outros, livre de escrúpulos, culpas e julgamentos, livre de qualquer dependência.

É uma pena que tantas vezes nos esquecemos disso e permitimos que coisas, pessoas e ambientes nos aprisionem e nos escravizem e, em vez de vivermos a essência do ser humano, que é ser livre, nos submetemos a necessidades supérfluas.

É por estas atitudes contrárias à própria natureza que a missão de Jesus remonta ao exercício da genuína liberdade. Na carta aos Gálatas, capítulo 5 e versículo 1, Paulo anuncia categoricamente que "foi para a liberdade que Cristo nos libertou". Este é o principal anúncio.

Assim, já não somos mais escravos, mas livres e não devemos conceder a nenhum ser humano o poder sobre nós.

Eu também passei por isso. Deixei a minha essência para viver uma prisão chamada religiosidade. Fui religioso por mais de 13 anos e me deparei em diversos momentos, nesta minha experiência, com situações de conflito entre o desejo da alma por liberdade e a regra que era imposta sobre mim e que eu tinha, muitas vezes, que impor sobre os outros.

A regra nos priva do direito de ser livres. No Evangelho de Lucas capítulo 6, versículo 1, os fariseus, homens que viviam pela Lei, entram em conflito com Jesus porque os seus discípulos estavam colhendo espigas em dia que era proibido pela Lei, a saber, sábado.

Jesus, homem espiritual e por isso livre, declara aos fariseus, homens rígidos e submetidos, que "O filho do homem é senhor também do sábado". E esta era a caminhada de Jesus: fazer com que os homens, outrora submetidos e dependentes de um sistema, de um conjunto de regras, de uma cartilha que afirmava o que poderia e o que não poderia ser feito, tomasse consciência da sua verdadeira essência: ser livre.

No entanto, ainda que a liberdade seja parte da essência do ser humano e um dom gratuito de Deus para aqueles que se consideram e se tratam como filhos, ela também é uma tarefa. Enquanto tarefa, a liberdade precisa ser acessada e exercida. Não é automático, é um estado de consciência que exige de cada um o ingresso a um processo de quebra de algemas e de liberação da fome de controlar tudo e todos, ou, o que é pior, ser sempre controlado por algo ou alguém.

O processo de liberdade, como já disse, exige do ser humano uma postura. Postura de reconhecimento de que você não deve nada a ninguém e que não precisa mais ficar preso a ideias, ideologias, pensamentos que não mais condizem com aquilo que Deus o chamou para viver e para ser.

Eu lhe pergunto: quanto tempo você vai ficar preso ao que lhe disseram e vai esquecer do que o próprio Deus disse para você?

A liberdade é irresistível. Durante a minha participação no programa La Casa Digital, por diversas vezes, eu fui confrontado pela proposta de liberdade. E como era doloroso perceber que eu tinha submetido a minha alma a uma algema desnecessária.

Eu resolvi viver a liberdade, e você?

Mas é bom avisar: quando você tomar a decisão de ser livre, todo um sistema vai se voltar contra você para tentar pará-lo. A liberdade é perigosa. Por isso elas, pessoas que se acham no direito de dizer o que você deve e o que você não deve fazer, vão dar um jeito de fazer com que você volte atrás, vão até atrás das pessoas que são mais importantes para você com o intuito de fazê-lo parar.

Há um preço a ser pago e a liberdade é cara, porque é valiosíssima. Não vai ser fácil, mas vai ser a melhor experiência da sua vida quando você realmente puder dizer: "Eu não concedo poder a ninguém sobre a minha vida, porque eu sou LIVRE!"

Como eu disse, deixe o povo falar, mas cumpra o que Deus pede ao seu coração. Seja LIVRE.

Quanto tempo mais você vai ficar preso àquilo que lhe disseram e se esquecer daquilo que Deus lhe pede para fazer?

O amor é liberdade. O amor, na raiz da palavra, significa "caridade e generosidade". O homem não é capaz de bater no peito e falar que é amoroso, porque isso não é uma qualidade humana, mas divina. O amor é o combustível da vida. É o fogo que não podemos deixar apagar, e Deus é o fogo consumidor.

UM GENERAL DO REINO NÃO ENTRA EM UMA GUERRA QUE NÃO É SUA.

Aqueles que acreditam que a promessa está demorando demais para ser cumprida e desistem de seguir no propósito ou param de servir são os iníquos. São brasas que foram retiradas do fogo e vão apagando a sua chama e a dos que estão ao seu lado. Cabe a nós, trabalhadores da última hora, reacender a chama deles.

Enquanto estiver andando com quem se sente amado e ama os outros, você permanecerá com sua brasa acesa. **Quando transbordar na vida de outras pessoas, estará mantendo quente as brasas que estão ao seu lado.** Judas foi um iníquo, e o que mais temos nessa geração são Judas, pessoas que querem que Deus faça o que está no coração delas e não o contrário. "No amor não há medo, ao contrário, o perfeito amor expulsa o medo, porque medo supõe castigo. Aquele que tem medo não está aperfeiçoado no amor." (1 João 4:18) Seja um general aperfeiçoado no amor e nenhum medo o afastará do seu propósito.

Se você entender que tudo tem um código e um acesso, o que lhe falta? O jeito mais fácil de entender o código de alguém é fazendo perguntas. Se a pessoa não responder, contemple. A contemplação é um código, já nos mostrava Salomão. Nos mais de noventa por cento dos códigos que peguei com Salomão, ele estava contemplando a natureza. Muito do que eu aprendi sobre sabedoria, riqueza e prosperidade foi olhando a Terra, a natureza, porque eu aprendi em Provérbios.

> UM GENERAL DO REINO NÃO ENTRA EM UMA GUERRA QUE NÃO É SUA.

Já percebeu que você lê um mesmo versículo durante dez, vinte anos e, quando você se dá conta, o versículo após todo esse tempo quer dizer outra coisa? Eu passo por isso toda hora, o mesmo livro me dá experiências diferentes ao longo dos anos. Por que isso acontece? Porque aquela primeira pessoa, naquela primeira leitura, estava em uma frequência baixa, e, a cada subida de nível, ela enxerga coisas diferentes.

Minha mãe me chamava de "aranha de palácio": enquanto você não tem a frequência de sentar à mesa, você tem a frequência de escalar as pilastras; você tem a frequência para servir aos poderosos e ficar perto deles, ouvindo o que eles estão conversando e, ouvindo isso, o seu coração vai falar: É possível!

A Palavra diz que, se as pessoas não ouvirem, não crerão no Evangelho. Se a pessoa não ouvir, como ela vai crer então? O grande lance está no acesso. Você nunca vai sair da banda de frequência 1 e pular para a 5. Você vai precisar tomar a decisão de andar com alguém que está na frequência do Senhor.

Se você não consegue acessar certas pessoas, como conseguirá acessar o Trono? Quando você se olha e se sente incapaz, você perde uma parte do código, da senha. A melhor parte quando você é contratado para servir em um lugar é que, enquanto você serve, você pode desfrutar. **Quando a pessoa percebe que o favor do Reino está passando, ela reconhece que nem merece, mas busca acesso e pede para entrar.**

Como enxergar o favor de Deus? A verdade é que não tem explicação, se tiver explicação, não é favor. Não há como parametrizar o favor, assim como Davi, que queria contabilizar os homens em guerra e Deus disse que ele venceria pelo Seu favor, e não pelos homens. Ainda assim, Davi decidiu contabilizar, e todos os batalhões que entravam em guerra morriam. O Senhor falou: "Davi, você é o meu querido. Não é você, sou eu".

Desde o dia em que eu absolutamente parei de olhar o que eu estava fazendo e o que me rendia financeiramente, nunca mais me preocupei com resultados. Acredite, o seu olhar contamina o seu coração. Enquanto você serve, você pode desfrutar da sua posição e mudá-la. A justiça do Reino é assim. "Buscai primeiro o Reino e a sua justiça", e a justiça do Reino é diferente da sua.

As demais coisas vão sendo acrescentadas, mas não de uma vez só, e sim aos poucos, no caminho.

O que você faz quando aquilo que você pede para o Senhor não acontece? Muda o grau. Várias pessoas pararam de crer no Senhor por conta disso. Creram durante muitos anos, e, no dia em que o Senhor não concedeu, desistiram, pararam.

Se o Senhor colocar algo no seu coração, vá lá e faça, nada vai fazê-lo parar. Se é para manifestar a glória, vá lá e faça, continue. Um dia eu estava em oração e, na frente de vários irmãos, eu revelei meu coração e confessei que eu via pornografia. Naquele dia eu fui liberto. Sabe por quê? Porque o diabo odeia quando você se expõe. Ele corta toda a energia quando você tem um pecado oculto e abre para as pessoas, pois você é curado na hora. Se você não fizer assim, você não vai parar.

O pecado é um acidente, como entrar em um viaduto dirigindo seu carro em um dia de chuva, aquaplanar e bater em outro carro. Depois disso vem a seguradora, o sangue de Cristo, e conserta tudo, ou seja, você já está perdoado, Ele sabe que não foi intencional. Porém, continuar em pecado é o mesmo que pegar seu carro já batido e continuar esfolando mais e mais a lataria, propositadamente.

A sua alma não deixa você ficar com seus pecados desgovernados. Seus pecados são as tentações nas quais você caiu, e, se não mudar de rota, você continuará caindo. **Deus só lhe dá o que você é capaz de suportar.** Às vezes você leva um ano buscando algo e reclama. O que o Senhor prometeu a Abraão levou vinte e cinco anos, e José do Egito esperou treze anos na cadeia. E por que isso? O Senhor está forjando-o para virar uma bomba em um outro momento. Só não tente fazer o mover que não é dEle. Não seja como Sara, que achou que Deus estava demorando e quis resolver a situação sozinha.

> **UM GENERAL DO REINO NÃO ENTRA EM UMA GUERRA QUE NÃO É SUA.**

Pablo, o que é preciso fazer para acessar? Você precisa subir **a pressão**. Quando você sobe a pressão, vem a crise, e a crise faz você correr. Várias pessoas me colocaram na crise. Quando você anda com pessoas que lhe colocam em crise, você cresce. A crise é uma transferência de energia, e é nela que conhecemos as pessoas.

Não espere chegar à crise,
TREINE PARA VENCER

DOMÍNIO E GOVERNO

Você precisa aprender a governar sobre todas as coisas, da sua alma e mente ao corpo físico. Há quatro recursos naturais dentro de você, que devem ser usados diariamente: sangue, suor, lágrimas e gordura.

O sangue é utilizado quando você deposita sua vida em uma causa, se doa intensamente por aquilo. Suor significa entrar em esforço e mudar a velocidade. A gordura representa a reserva que deve ser queimada, não só física, mas de tudo aquilo que traz peso à sua vida: falta de perdão, bloqueios e vícios. As lágrimas são os dias memoráveis, sejam eles de alegria, orgulho, tristeza ou pelo excesso de esforço empregado. **Todo suor investido em treinamento vai poupar seu sangue no campo de batalha.** Isso significa que você consegue tudo que quiser, mas vai ter que treinar, pagar o "imposto", errar rápido e em coisas diferentes, e corrigir. Quanto mais rápido for este processo, mais rápido você começa a governar.

Seu *software* (mente) deve ser constantemente atualizado, instalando novos *drivers*. Seu *hardware* (cérebro) precisa de ressignificação e ser colocado para trabalhar. O cérebro vive de condição enquanto a mente vive de decisões. Suas decisões são capazes de fazer você se posicionar e mudar o seu destino, enquanto suas condições não determinam quem você é, mas o limitam. Então viva de decisões!

> **UM GENERAL DO REINO NÃO ENTRA EM UMA GUERRA QUE NÃO É SUA.**

Se você decidir ficar parado, o custo será mais caro, em movimento, será menor. Por exemplo, ao casar com alguém que não está preparado, o "imposto" será maior do que casar com alguém que já trabalhou o coração e está com ele ensinável. Aqui cabe salientar a diferença entre custo e despesa: custo é tudo que tem retorno e despesa é o gasto que vai embora sem volta. Você não deve controlar gastos, e sim aumentar a receita, assim como não deve ter despesa, mas investir em custo. Despesa diminui o campo de energia que você gerou, já o custo é uma oferta de crescimento, por isso toda decisão tomada gera custos.

Mas por que algumas pessoas, mesmo sabendo de tudo isso, não prosperam? Porque elas carregam sentimentos de culpa e condenação, múltiplos bloqueios, frequentam ambientes errados ou estão com o sistema de crenças danificado.

Há cinco níveis de crença pelos quais você deve passar para reparar seu sistema.

1. **Crença negativa:** é gerada quando temos uma experiência ruim. Essa crença adormece a pessoa e a faz entrar em "modo zumbi". O indivíduo que tem crença negativa sobre riqueza, sobre a Fonte, sobre si mesmo, em relação ao próprio chamado, dorme a vida inteira.

2. **Crença positiva:** é a que te faz despertar, mas ainda não traz resultado.

3. **Inclinação:** só acreditar não é suficiente, é preciso se jogar. Se você não fizer nada com a crença positiva, você retornará ao grau zero. Não espere estar pronto, se jogue.

4. **Ação:** quando você entra em ação, as coisas dão errado, mas você aprende. Para que dê certo, invista em atitude e altitude, as atitudes certas o farão subir de altitude, ir para o próximo nível.

5. **Resultado:** se você acreditar em si mesmo, chegará ao nível cinco. Todo louco que dá resultado é um gênio, e todo gênio que não dá resultado é um louco. **Lembre-se de que os resultados falam por**

si próprios, e é nesse nível que você deve chegar.

Entenda que apenas querer melhorar não será o suficiente. Existem três fases nesse processo: a melhora, a mudança e a transformação. Exemplificando de forma bem simples, mas, para você não esquecer, a melhora seria você pegar um cocô e passar perfume. Melhorou um pouco o cheiro, mas lembre-se que toda melhora pode ser afetada pelo retrocesso, e, em pouco tempo, aquilo estará com mau cheiro de novo. A mudança é um reposicionamento geográfico, como se você pegasse o cocô e o jogasse para longe. No entanto, na mudança também pode haver retrocesso. Já a transformação é um processo sem volta, no qual você anula as etapas anteriores. É transformar o cocô em adubo. É a esta fase que você deve chegar.

Você só é capaz de entender quem é no percurso. Portanto, busque pequenos resultados. O resultado cura, mas você não pode esperar que ele venha de uma vez. Resultado não é feito de si mesmo, mas de partículas, de conexões, da união de micro resultados. Suponha que seu alvo seja emagrecer. Dificilmente você perderá todos os quilos que quer em poucos dias, pode até acontecer, mas você é plenamente capaz de malhar todos os dias e se alimentar de maneira mais saudável. Esses são os micro resultados: **pequenas atitudes, que o conduzem a um resultado maior e que devem ser comemoradas.**

Você pode questionar: Pablo, por que comemorar

os micro resultados se não são o resultado final? É simples, seu cérebro gosta de algo chamado **recompensa imediata**. É isso que faz você procrastinar e gastar tanto tempo de vida com bobeiras que não o levam a lugar algum. Ao invés de usar esse mecanismo do cérebro de maneira negativa, você pode usá-lo a seu favor. Quando você se recompensa e celebra a pequena vitória, você envia uma mensagem ao seu hardware de que aquilo é positivo e ele pode continuar realizando aquela ação.

PEGUE ESSE CÓDIGO: AS PESSOAS NÃO ACREDITAM EM QUEM NÃO TEM RESULTADO.

Aposto que se eu estivesse falando as mesmas coisas que falo hoje, andando em um Chevette comido pela maresia e com uma roupa puída, você não acreditaria em mim. Novas decisões, novas atitudes, e instalar novos hábitos fazem sua mente expandir, conquistar novos resultados e não tem como voltar atrás.

São três níveis que o levarão ao topo: o degrau, a escada e o andar. Muitas pessoas sobem alguns degraus e desistem, outros sobem alguns lances de escada e param, mas eu lhe garanto, se você persistir e continuar subindo, deixando para trás as pessoas que não estão subindo ou que só conseguiram o levar até a próxima escada, não tem como você não chegar ao topo.

Como faz para governar sobre todas as coisas? **Governando a si mesmo.** Isso é do domínio da alma, não só do corpo. Para progredir é necessário estar alerta, entender da sua própria vida e ter ordem. Para não ter bagunça emocional e espiritual, é preciso ordenar as prioridades em sua vida: primeiro o Senhor, depois você, seu cônjuge, seus filhos e depois os terceiros. Por ordem de prioridade, nunca mais você se sentirá rejeitado e vítima.

Deus nos mostra ordem na Palavra desde a criação. Tudo foi feito de maneira ordenada, tanto que Ele nos criou por último porque não queria nossa opinião, apenas nosso coração. Ele quer que descansemos e confiemos nEle.

Somos como pontas de fibra óptica e estamos junto de Deus porque temos uma ligação direta com o Pai. Devemos ter intimidade com o Criador e não só interagir com Ele.

UM GENERAL DO REINO NÃO ENTRA EM UMA GUERRA QUE NÃO É SUA.

Você também deve ter intimidade consigo mesmo, desafiando-se e descobrindo seus limites. Quando for íntimo de si mesmo, se amará como Deus o ama e também amará ao próximo. Abandonará o perfeccionismo, aceitará quem é, mas não aceitará a fase em que está e buscará progredir.

Muitas pessoas possuem apenas um relacionamento de interação com seu cônjuge e filhos, e se esquecem de olhar no fundo dos seus olhos e falar o quanto são amados. O simples fato de abraçar uma pessoa por 40 segundos encostando o coração nela, respirando profundamente pelo nariz e expirando pela boca, faz com que acesse a farmácia do seu corpo, liberando ocitocina, que é a energia do amor.

O amor, a graça, a misericórdia e a sabedoria não são qualidades humanas, elas vêm do alto, são qualidade de Deus, que você modela e adquire. A sabedoria é um acesso, quando você a descobre, nunca mais quer viver na tolice. O amor é o mais poderoso de todos os sentimentos, pois, quando você se sente amado, o distribui. A graça é um favor imerecido e, quando você sente que Ele fez por você, mesmo sem merecer, não há como reter, você faz o mesmo pelos outros. Quando você acessa a misericórdia dEle, seu olhar passa a ser de compaixão e perdão.

JÓIAS PRECIOSAS

Carol Marçal

Você quer mudar de nível?

Eu me lembro de um momento em minha vida em que mudei de nível. Foi no dia do evento do Pablo, o Atomic Brain, em que surgiu a música Sinto Fluir.

Em nossa vida, já estavam acontecendo muitas coisas, e eu não conseguia entender a dimensão delas, então orei ao Senhor pedindo para ver o que o Pablo via, para sentir o que ele sentia, principalmente esse amor pelas pessoas. Eu queria enxergar o que ele já enxergava.

E, durante aquele evento, o Senhor me virou do avesso. Eu lembro do Pablo honrando todas as pessoas que estavam participando do curso, lavando os pés de todos. Ao ver aquilo, eu não reconhecia a face dele, e o Espírito Santo me falou que ele era um novo homem, que estava em outro nível, e que era necessário que eu também passasse para esse nível.

Por que eu estou falando isso? Porque o Senhor me falou mais uma vez: "Eu sei que está bom nesse nível aí, não é, Carol? Está confortável, eu sei que você já subiu mais um pouquinho". Eu queria ficar quietinha, afinal, o Pablo já faz tanto, mas o Senhor me falou que não é isso o que Ele tem para mim, e sim um novo nível de ousadia, de força, de coragem.

Eu sinto que isso não é só para mim, é para nós, e talvez você nem saiba o que está por vir, mas **melhor é o fim do que o começo de todas as coisas.** Aguente firme mais um pouco, você é general e a batalha ainda não terminou.

Quero falar sobre as joias mais preciosas, as mulheres. Nós somos as mais belas da criação. Mas essa mensagem é para os homens também.

Um dia o Senhor me deu uma visão da minha família em um lugar alto, e, à nossa frente, havia milhões de famílias restauradas, curadas. Uma família forte e saudável começa na base, e nós somos a base.

Na criação, o Senhor criou cada dia para servir ao próximo dia. No sexto, Ele criou o homem e a mulher, mas Ele só formou a mulher depois. Isso nos mostra que o homem foi feito para servir à mulher que está ao seu lado. Não se trata de servir ajudando a arrumar a casa, como hoje o feminismo prega e cobra dos homens. O servir é por ela. Claro que quem ama faz muito além do que acha que é obrigado, mas servi-la é a ponto de morrer por ela, de entregar a sua vida por amor a esta mulher, este é o papel do homem.

Você, homem, tem cumprido o seu papel?

Eu tenho a convicção de que meu casamento resplandece da forma como resplandece porque eu tenho um homem que me ama. A esposa que está ao seu lado pode dizer a mesma coisa, que tem um homem disposto a morrer, a dar a vida, a se entregar no lugar dela? Foi isso o que Cristo fez por nós.

E o papel da mulher do Reino é ser essa base, aquela que conforta, e se essa base não está bem, a casa vai desmoronar. Há algo em nós mulheres que não pode ser desprezado, algo tão único, verdadeiro e puro, o poder de gerar uma vida. Nada nem ninguém pode fazer isso, mas o Senhor colocou em nós a capacidade, o dom de gerar uma vida em nosso ventre. Há algo especial sobre você. Você tem esse poder e autoridade. Você tem o poder de criar ogivas nucleares.

Nós, mulheres, temos o poder de mudar a próxima geração. Consegue entender o quanto isso é forte?

Reclamamos tanto de como as coisas estão, de como a sociedade anda, mas como você tem criado e educado seus filhos? O que você tem feito? Você tem repetido os mesmos padrões da educação que recebeu?

É necessário um basta, é necessário que o seu coração queime por algo novo, para que você coloque esse DNA na vida dos seus filhos.

Existem coisas do seu cônjuge que são inadmissíveis e eu oro para que o Senhor lhe dê ousadia para não mais aceitá-las, mas há também outras coisas que um joelho prostrado ao chão resolve.

Eu me lembro da época em que orava pelo meu marido, pedindo ao Senhor para despertá-lo, para que ele fosse apaixonado por Jesus e que nada fosse mais importante que isso para ele. Eu olhava para trás e via ele montado num jegue, de tanto que ele vinha devagar na fé. Um belo dia, eu pisquei os olhos e esse homem passou como um míssil, na minha frente, e sumiu das minhas vistas.

Não adianta você ficar batendo nos defeitos do seu marido, o que vai adiantar é o seu coração ser transformado. **Seja você testemunho vivo na sua casa.**

Uma esposa cristã de um grande avivalista vivia convidando o marido para irem juntos à igreja. Ele não só não ia como também a reprovava e a proibia de ir. Certo dia, ao voltar da igreja, quando ela chegou a casa, no inverno da Inglaterra, a porta estava trancada e ela passou aquela noite inteira do lado de fora. No outro dia, ele saiu, abriu a porta e viu que ela estava lá. Ela se levantou em silêncio, entrou em casa e começou a preparar o café do marido. Naquele dia, aquele homem se prostrou aos pés do Senhor: "O que vive nessa mulher que, após passar por essa humilhação, ainda assim me trata com amor?".

Pague o preço em oração. Você, mulher, tem o poder de mudar a atmosfera. Você é a moralidade desta nação, você é quem vai construir isto. O mundo se perdeu em nós, mulheres, e nós perdemos nossos valores, nossas virtudes.

Dói meu coração quando uma mulher me fala assim: "Carol, eu quero tanto aprender a ser doce como você". Mal sabe ela que nem sempre fui assim, e me dói o coração porque eu vejo que até aquilo que é intrínseco a nós, foi se perdendo. Eu tenho três meninos e uma menina, ela ainda é um bebê, mas até a forma como ela respira é diferente, é suave. Mas nos disseram que a gente precisa ser forte – uma força totalmente distorcida, uma força que machuca, fere, que nos subjuga, por mais que a gente ache que está em pé de igualdade.

Você é única, você não precisa ser igual a ninguém porque você foi feita e formada pelas mãos do Senhor. Ainda no ventre da sua mãe, o Senhor já lhe conhecia, já lhe chamava pelo nome, já havia escolhido cada uma de nós.

Pare hoje, deixe passar um filtro dentro de você. Comece a arrancar todas as coisas ruins que foram colocadas dentro de você, pois você é aquela que foi criada para mudar a atmosfera.

Imagine uma árvore linda, viçosa. Muitas vezes queremos ser a árvore, mas não é necessário, é necessário que você seja simplesmente aquela folhinha verde pequenina, pois, quando ela está conectada ao ramo, ao galho, ela tem o poder de fazer algo extraordinário, chamado fotossíntese. A fotossíntese é um processo que acontece quando aquela folha capta o gás carbônico do ambiente, transforma-o dentro de si e libera oxigênio, ou seja, ela pega algo tóxico, impuro, e transforma em algo puro, leve, que nos permite respirar. Assim são as mulheres: folhinhas. Você não precisa querer ser grandiosa. Queira ser só uma folhinha, porque, se você for uma folhinha dentro da sua casa, tem o poder de mudar a atmosfera e o ambiente do seu lar, tem o poder de resgatar sua família, de restaurá-la. Você tem o poder de transformar a próxima geração.

Um homem de verdade morre por sua esposa. Basta de ser grosseiro com ela, de ser estúpido. Se ela o tira do sério, saia de perto, fique calado. Na hora que o ímpeto de raiva vier, afaste-se para não fazer tolice. Aprenda a amar sua mulher como o bem mais precioso que você possui. Você não tem noção do que uma mulher ao seu lado é capaz de construir.

É preciso liberar perdão, e você não precisa se sentir comovido para isso. Se você quer mesmo experimentar um próximo nível, decida, dê o basta. Já chega de viver uma vida de miséria, de ter um casamento miserável.

Até quando você vai aceitar que o diabo entre e destrua o bem mais precioso que o Senhor nos deu, a nossa casa, a nossa família? Pare de olhar para fora, para os outros, olhe para dentro da sua casa. A mulher que está ao seu lado é a mulher mais incrível que já existiu, e se ela não tem sido, é culpa sua, porque você, em muitas situações, tem sido frouxo, um banana!

Como mulher, eu levanto minha voz e peço o basta. Mulher nenhuma aguenta isso. Ela não tem que ser o homem da casa, não tem que trocar lâmpada, arrumar chuveiro, matar uma barata. Ela pode tranquilamente fazer tudo isso, mas ela não precisa. Entenda que você tem a esposa que você merece.

Mulher, tire essa amargura daí de dentro. Eu sei que você foi ferida e que lhe fizeram muito mal. Você não merecia nada disso, mas feriram você, machuraram-na e falaram palavras pesadas, e isso trouxe tanta amargura, tanta dor ao seu coração, que chega a doer o peito, mas deixe ir, lave tudo isso. **A sua força não está na altura da sua voz, não está em quem grita mais alto, a sua força está na doçura, no consolo, na fortaleza que existe somente dentro de você, e foi isso que o mundo tentou lhe arrancar.** O Senhor quer restaurar seu coração, permita que Ele restaure.

Marido, ore por sua esposa. Desta vez, não peça nada por ela, nem agradeça, apenas declare quem ela é, não as suas verdades, mas a verdade que um dia o Pai dela, quando a estava formando no ventre de sua mãe, sussurrava em seu ouvido: linda, bela, inteligente, amada, protegida, guardada, forte, corajosa, destemida. Olhe-a nos olhos e fale isso, diga que ela é a joia mais preciosa, a mulher virtuosa, e que você é bem-aventurado de um dia tê-la encontrado. Nossos olhos às vezes não conseguem ver o natural, mas, pelos olhos da fé, podemos criar todas as realidades hoje.

Domine e governe, colocando ordem primeiro nas coisas do alto e depois nas de baixo. Ordene a atmosfera: primeiro a eternidade, o fruto e depois a reputação. Se não ordenar as engrenagens da forma certa, a máquina não funciona. A Palavra conta como Noé seguiu as ordens do alto e construiu a arca mesmo acabando com sua reputação, mas teve sua obediência recompensada. Assim como diz a Palavra: "Busque primeiro o Reino e as demais coisas lhe serão acrescentadas." (Mateus 6:33).

UM GENERAL DO REINO NÃO ENTRA EM UMA GUERRA QUE NÃO É SUA. Quando coloca ordem, você começa a limpar sua casa e não aceita qualquer coisa, você peita as situações e parte para o governo, porque você carrega o espírito de Deus. **Quem não coloca ordem na vida não consegue prosperar.** Você é um ser de luz que governa sobre as energias e que tem um corpo. É composto por três esferas, QI (quociente intelectual) a matéria que você vê, o corpo; QE (quociente emocional) um campo de energia, a alma e QS (quociente espiritual) a luz, o espírito.

O espírito milita todos os dias contra a carne e vice-versa. O corpo não quer parar de sentir prazer e não quer sentir dor. A dor é a fraqueza indo embora, então saque um pouco do prazer e invista um pouco na dor. O corpo deve ser treinado para ficar fora do comando, assim como o espírito não deve estar no comando porque, se eles assumem, sequestram a alma. **O governo está na alma, a direção está no espírito e o desfrute está no corpo.**

Existem 3 céus, 3 esferas (corpo, alma e espírito) e 3 tempos (passado, presente e futuro). Para viver no agora, é necessário que você gaste 10% de sua energia com o passado, 70% no presente e 20% no futuro. Seu cérebro prefere viver no passado e no futuro porque são os dois tempos onde não existe produtividade, neles não é necessário plantar como no presente.

O passado é sua biblioteca, que você visita para ler e ressignificar experiências. O presente é o campo onde você vai para o confronto e semeia. O futuro é o laboratório onde você faz testes. Durante seus testes, você aprende, ganha energia, experiência e cria métodos.

UM GENERAL DO REINO NÃO ENTRA EM UMA GUERRA QUE NÃO É SUA.

Preferem viver em tribos que têm unidade, linguagem, interesse e direção em comum, onde uma pessoa serve a outra em vez de estar em sociedade, que são pessoas reunidas que se toleram, mas não têm um interesse em comum.

A contabilidade da alma é um negócio assustador. Você analisa se aquela energia está fazendo você crescer ou não. Se você não consegue colocar uma pessoa que está na sua vida para trabalhar naquilo que Deus lhe colocou, ela deve sair. Na matemática da vida, aprendemos que quanto mais gente, melhor; mas, na contabilidade da alma, quanto menos gente, mas que tenha linguagem e unidade, melhor ainda, pois será o suficiente para causar uma explosão.

Na contabilidade da alma, quando você perdoa, prospera mais rápido. Mas, quando você sobe a frequência, não precisa mais perdoar. É exatamente isso que você leu: pare de perdoar. Você apenas perdoa as pessoas quando as carrega, por meio de ressentimento, amargura e ódio. Se você está perdoando demais, é porque está com rancor demais. Não sinta rancor, não se vitimize e não somatize nada que não é seu. Tire as reservas mentais, as experiências negativas que você carrega a respeito dos outros.

Não crie expectativas sobre as pessoas, pois assim você não irá se frustrar. Se as pessoas já estão perdoadas, você não precisa carregá-las, então libere-as. Liberar perdão é como abrir a cela da alma para deixar a pessoa ser livre. Você só vai entrar em uma nova frequência quando parar com essa besteira de carregar os outros.

Quando você prospera, está destravando um povo e investindo no crescimento dele. Se falarem mal de você, estão falando mal do Senhor, pois

UM GENERAL DO REINO NÃO ENTRA EM UMA GUERRA QUE NÃO É SUA.

você é feito à imagem e semelhança dele, mas, se

Não espere chegar à crise,
TREINE PARA VENCER

quiserem rebaixar você ao nível deles, não aceite. Entenda que existe um governo sobre a sua vida e você precisa exercê-lo.

A riqueza só trabalha para quem prospera, e só prospera quem tem sabedoria. Não seja escravo nem de pessoas, nem de dinheiro, nem de ambientes, nem de religiões, nem de corporações, nem de ninguém. Tenha absolutamente tudo aquilo que precisa. As riquezas estão enterradas dentro da sua cabeça, pois a mente de alguém que pensa é o lugar mais rico. É muito bom ser próspero em todas as áreas da vida. Mesmo que seu dinheiro acabe, o Reino não acabou. O Senhor nunca irá abandoná-lo. Ele é o amor!

5

HONRA, EQUIVALÊNCIA E TRANSBORDO

Vou esclarecer a você o que está o travando e impedindo que saia do lugar. Como expliquei anteriormente, você precisa ter microrresultados, porque todo resultado que procura depende disso, das partes que se juntam, das conexões durante o percurso. E a verdade é que os resultados dependem das pessoas com quem você se conecta.

Se você tem humildade para se relacionar com pessoas que estão a um nível acima do seu, você irá prosperar. Depois que eu aprendi sobre *networking* e modelagem, comecei a decolar igual a um foguete da Nasa.

Muitos não dão conta de fazer *networking* devido ao bloqueio instalado ainda na infância, quando lhes disseram para não confiar em ninguém e não falar com estranhos. Uma série de códigos que pareciam proteção foram sendo instalados, mas na verdade eram vírus para fazê-lo não se relacionar com as pessoas. Os filhos precisam ser ensinados a fazer perguntas, a se relacionar e tirar dúvidas, não apenas a temer os outros. Se bem instruídos, saberão se virar.

Networking é uma palavra em inglês que pode ser traduzida como "rede de trabalho". O objetivo do *networking* não é fazer vários amigos, o que pode vir a acontecer, mas criar uma rede sólida de contatos. Funciona como duas engrenagens que se conectam. Se a ligação entre elas estiver fluindo, rodando sem problemas, indica que seu *networking* é bom, ou seja, você serve à rede e a rede lhe serve. Se apenas uma estiver rodando, não há como funcionar, a engrenagem para. **Não é possível servir alguém que não serve e só quer ser servido.** A chave do *networking* é a confiança, essa é a base para abrir qualquer porta.

Se eu não tivesse *networking*, eu não estaria onde estou, não teria atravessado a atmosfera, não moraria em São Paulo, não teria as empresas que tenho, não teria pisado nos Estados Unidos, não teria ido a Israel custeado pelo governo israelense, não teria pisado em Dubai, não teria pisado na África e construído uma cidade lá. Não teria aplicado o Método IP na Suíça, na Alemanha e na Itália, não teria feito uma série de coisas.

Oitenta e cinco por cento dos resultados que você não tem hoje dependem das pessoas com quem você

não quer se conectar. No livro *Estoure Todas as Bolhas*, eu falo que às vezes você quer viver em determinada bolha por achar que aquilo é tudo, quando na verdade é apenas uma fração do todo. Se você passa a vida inteira admirando uma só pessoa e não está pronto para aprender com outras, continuará numa bolha.

Se eu conhecesse o poder do *networking* há dez anos, hoje eu estaria no espaço. Quando, há cinco anos, entendi o potencial que isso tem, passei a investir cem reais por mês nessa prática. Esses cem reais representavam um jantar que eu pagava para uma pessoa, e muitas vezes eu pagava com pesar. A escassez ainda me pegava e eu dizia que isso ia me quebrar, mas depois eu percebi que estava tendo resultados e passei a investir mil reais por mês em *networking*. Nessa época eu faturava cinquenta mil reais. Depois que eu subi o nível, decidi investir dez mil reais por mês.

O tanto de dinheiro que eu colocava e acessava pessoas diferentes me fazia subir camadas e estourar bolhas, e notei que não fazia sentido não investir mais. Por isso passei a investir cem mil por mês entrando em eventos e participando de mentorias, que às vezes não agregavam nada à minha experiência, mas era onde estavam uma ou duas pessoas que mudariam minha rota para sempre. Fui aumentando a pressão e hoje cheguei a um nível em que, se eu quero que determinada pessoa participe de uma reunião comigo, eu mando meu jato ir buscá-la, o que custa em média quarenta, cinquenta mil reais, a depender do destino.

Acredite no que estou falando, atualmente eu invisto aproximadamente um milhão de reais por mês nesse assunto. Eu já investi duzentos mil reais em uma ação de *networking* que me fez faturar mais de cinquenta milhões de reais. Minha cabeça explodiu! Entenda que o *networking* o faz sentar em novos lugares e alcançar as pessoas mais poderosas da Terra. Mas sabe qual é o meu maior objetivo com isso? **Sentar à mesa com as pessoas mais poderosas do mundo e levar o Reino para elas.**

É chegada a hora de você se posicionar e se relacionar, esse é um tempo de aceleração de resultados, de explodir tudo, de entrar na dobra da dobra da exponencialidade, de se conectar e sentar à mesa com quem você nunca sentou.

Há pessoas que só querem ser interesseiras, mas não se lembram de serem interessadas e interessantes antes. Não há problema algum em você ter interesse em pessoas, coisas e situações. Esse interesse apenas não pode ser revelado no começo. Como assim? **Se o seu interesse ficar na entrada, você não consegue pegar a energia da saída.** Você só saca benefício e energia se você plantar isso, se gerar crédito. Se você demonstrar que é só um interesseiro, não vai fazer saque na saída. Não há problema em ter interesse, mas tudo o que você quiser precisa depositar antes.

Você se lembra do *drive Porta x Caminho*? Há pessoas que abrem portas para você e há as que pegam na sua mão e o levam no percurso. É com estas que você deve se conectar. Quando você se conecta com determinadas pessoas, diferentes oportunidades começam a aparecer. Se você tem *networking*, você está a uma ou a algumas pessoas de distância de qualquer pessoa com quem você precisa se conectar, mas para isso você precisa investir e se posicionar, precisa mudar seu ambiente, situações e pessoas.

Se você está diante de uma terra produtiva e fica apenas olhando para ela, não vai colher maçã, a menos que a semente tenha sido plantada. O problema é que ninguém quer plantar sementes. E como se plantam as sementes? **Fazendo tarefas.**

Quem quer conviver a vida inteira com as mesmas pessoas colherá resultados piores. Só o fato de você repetir no outro dia o resultado do dia anterior, já é um resultado pior. Um voo de um jato nunca é igual ao outro, ainda que seja o mesmo destino e com as mesmas pessoas. Por isso, teste novas rotas e invista dinheiro nisso.

UM GENERAL DO REINO NÃO ENTRA EM UMA GUERRA QUE NÃO É SUA.

Ninguém quer ouvir quem é desinteressante, prolixo. Ao conversar com alguém, vá direto ao ponto, fale a verdade, seja elegante e tenha nobreza. Se você não crescer em elegância e nobreza, não será ouvido. A minha voz era chatíssima e eu precisei modular e trabalhar isso dentro de mim. Assim eu descobri que quem eu era antes da fundação do mundo começou a aparecer, mas aquela pessoa fraca, oprimida, sem relacionamento, sem códigos poderosos para exercer o Reino, não.

Os cinco níveis do *networking*:

1. Conhecidos

É melhor você ser conhecido por muita gente do que conhecer muita gente, pois é liberada uma camada de energia que faz você acessar muito mais rápido qualquer pessoa. O tanto de gente que lhe dá atenção é o que faz você crescer. Você não consegue conhecer mais que 155 pessoas aproximadamente, mas deveria ser conhecido por milhões.

2. Caminhos

São os amigos, com quem você escolhe andar. Você não consegue ter experiência de caminho com mais de cinco pessoas. O networking tem o poder de fazêlo modelar pessoas que você jamais imaginaria, mas você precisa passar da fase de influenciado para influenciador, em que você governa. Quando você se torna governante, escolhe quem quer modelar para capturar o código que aquela pessoa carrega.

3. Ponte

São as pessoas que o fazem atravessar para um lugar em que não dá para você entrar sozinho. É alguém que tem o poder de fazer explodir quem atravessou por meio dela e validar você dentro de determinado ecossistema. A ponte transfere confiança.

4. Rampa

São aquelas pessoas que, quando você encosta, o impulsionam assustadoramente. É uma força motriz externa que empurra você. Não procure rampa se você não estiver com o motor ligado. De cada dez pessoas que "ramparam" em mim, por exemplo, sete caíram. Por quê? Porque precisavam só dessa chance, mas estavam sem energia e não conseguiram vencer a aerodinâmica para subir o nível.

5. Plataforma

São os donos de ecossistemas, mas eles só se comunicam entre si.

Você pode me perguntar "Pablo, para que tanto *networking?*", e a resposta é simples: **para você aprender a modelar as pessoas.**

Modelagem é o sistema mais absurdo para aprender capturando a frequência dos outros. Você copia a frequência da pessoa, adapta à sua realidade e transborda. Se você não transbordar essa frequência, seu cérebro não vai validar que de fato você governa sobre isso. Há como modelar alguém que já morreu? Sim, assim como eu modelo Jesus, José do Egito e outros.

O CÓDIGO DA MODELAGEM É: COPIAR, ADAPTAR E TRANSBORDAR, MAS PRIMEIRO VOCÊ PRECISA HONRAR A PESSOA A QUEM ESTÁ MODELANDO.

Eu aprendi sobre a Bíblia com aproximadamente dez pessoas e as fui modelando desde criança. Entre os vivos, o Pr. Aluízio Silva foi uma das pessoas que eu mais modelei. Se hoje eu publiquei tantos livros e falo tanto do Reino, foi porque fiquei vinte anos modelando-o. A melhor parte da modelagem é que, ao modelar, você não subtrai nada da pessoa. Como Albert Einstein fala, conhecimento é a única coisa que se multiplica na divisão, e na modelagem também é assim.

O código da modelagem é: copiar, adaptar e transbordar, mas primeiro você precisa honrar a pessoa quem está modelando. Se você desonra a pessoa, seu cérebro liga o efeito reverso e repudia a frequência que pegou dela. Anote esse código: **desonra anula frequência**. Por mais que alguns tenham se levantado contra mim, eu não me levantei contra eles, pois sei que a desonra anula tudo o que você carrega. A honra é absoluta.

Durante o percurso, você precisa subir de nível e entender que você e a outra pessoa estão em

equivalência. Você vai construindo sua história, e, quando transbordar mais que a pessoa modelada, você a ultrapassa. Jesus falou que nós faríamos obras maiores que as que Ele fazia, como isso é possível? Transbordando. Suba a frequência devagar e será notado. Acredite, o crescimento é inevitável.

> **UM GENERAL DO REINO NÃO ENTRA EM UMA GUERRA QUE NÃO É SUA.**

Eu quero que você entre na unção da honra. Quando era pequeno, eu perguntava como fazia para ter a unção de alguém. Diziam que a pessoa precisava colocar a mão sobre a minha cabeça, acreditando e transferindo-a para mim. Depois que eu comecei a estudar sobre modelagem, vi que era possível pegar isso tecnicamente. A técnica se chama Honra, Equivalência e Transbordo.

Honra é aceitar a pessoa que veio antes de você como ela é. Equivalência é tempo de caminhada juntos. Transbordo é o resultado da multiplicação de talentos, conhecimentos e dons. Se você quer chegar ao nível da pessoa que você está modelando, é só transbordar no mesmo nível que ela, mas, se você transbordar mais, vai fazer obras maiores que a pessoa e alcançar outro nível.

Um dia Deus deu uma canção a mim e ao Marcelo Marques: Sinto fluir. Sabe como essa música foi gerada? Estávamos num ambiente onde todos os que estavam envolvidos, em unidade, viram uma cachoeira descendo numa parede e todo mundo mergulhava, nadava de verdade, loucamente. Foram dias assustadores. Pessoas começaram a falar que queriam ser batizadas, eu dizia que o treinamento não era para isso, que procurassem a igreja, e o Senhor me dizia: "Você não manda em nada, Pablo. Você não me disse 'Eis-me aqui'? Eu quero te usar do meu jeito". Éramos quarenta pessoas e um por um foi concordando, em um só coração, para experimentar daquela atmosfera.

Se você é alguém de honra, seu rio é limpo. Para mantê-lo assim, guarde seu coração. Toda vez que seu coração for desonroso, esse rio vai te lavar. Nas vezes em que o Senhor lhe deu uma missão e você não fez, você foi desonroso com Ele; nas vezes que Ele tocou seu coração e você voltou atrás e não fez, foi desonra.

> **UM GENERAL DO REINO NÃO ENTRA EM UMA GUERRA QUE NÃO É SUA.**

Por isso, honre ao Senhor em primeiro lugar, depois a pessoa que você está modelando. Em seguida, tenha tempo de caminhada com ela, para entender como ela pensa, extrair os principais códigos, até que vocês se tornem equivalentes. Você pode acompanhá-la pessoalmente, fisicamente, ou ler livros sobre ela, ver documentários, seguir suas redes sociais. Você só não será equivalente ao Senhor, mas é preciso caminhar com Ele para conhecê-Lo e desenvolver relacionamento. Por fim, transborde. Multiplique sua frequência com o da pessoa que você modelou, compartilhe os códigos, espalhe a mensagem que arde em seu coração.

UM GENERAL DO REINO NÃO ENTRA EM UMA GUERRA QUE NÃO É SUA.

Não espere chegar à crise,
TREINE PARA VENCER

A SIMPLES E VERDADEIRA RELIGIÃO

A verdadeira religião é um movimento de conexão de famílias para alcançar novas famílias.

É chegada a hora da sua religião se tornar menor do que você. Não estamos contra ninguém, absolutamente, mas o Reino não funciona por apenas uma via, um canal, funciona por um caminho em múltiplas direções, pois o Senhor usa você em todos os lugares que você está. Não se é católico, não se é evangélico, você está. Mas cristão você é.

Você, católico, é amado por mim. Só saiba que Maria não é católica nem Jesus é evangélico. Se você se intitula evangélico, saiba que você não é *evangélico*, você prega o Evangelho do Reino, mas, se você prega o evangelho e não governa, nenhum evangelho do Reino saiu da sua boca até hoje. Declare: **A religião que eu** sirvo é menor que eu mesmo, porque Jesus não morreu por ela, morreu por mim.

Eu sei que os "mais velhos" na fé estão preocupados comigo, mas não se trata de falar mal um do outro. Minha intenção não é discutir doutrina, mas fazer você entender sobre o Reino. É hora de ressignificar isso. A verdadeira religião está em Tiago 1:27: cuidar dos órfãos, das viúvas, dos necessitados e dos estrangeiros. Você tem feito isso?

> UM GENERAL DO REINO NÃO ENTRA EM UMA GUERRA QUE NÃO É SUA.

Você pode se questionar "Por que cuidar dos órfãos e viúvas?" Porque faltou um patriarca a eles. Quando se tira o patriarca, há o desmonte da família, e a verdadeira religião é a família, é o movimento de conexão de famílias para alcançar novas famílias.

Existem igrejas maravilhosas que há 20 anos têm o mesmo tamanho e não crescem. Igreja que não cresce não é igreja, virou um clube social, uma confraria. Uma igreja verdadeira é impossível de não crescer, pois o objetivo dela é juntar famílias para resgatar outras, não importa de qual igreja você faça parte.

O Senhor me pediu para tirar rótulos a fim de que eu chegasse a lugares que a igreja institucional nunca vai chegar. Até hoje eu não me considero fora daquilo que eu construí por vinte anos com o Pr. Aluízio e o Pr. Naor, devo assumir. Mas o Senhor me chamou para jogar do lado de fora, para sentar a mesas que, se eu fosse pastor, jamais sentaria. Não é culpa minha, foi Ele quem me chamou. Existe uma geração indignada e o Senhor foi me mostrando algo que eu não estava conseguindo equacionar. **Você sabe qual a maior igreja do Brasil hoje? A "desigrejada", formada por pessoas que não conhecem o Reino ou o abandonaram devido a experiências religiosas ruins.**

Chega de deslealdade, chega de desonra. Se você manifesta o Reino, não perca tempo com divergência, com achismos. Se Deus precisasse da sua opinião, teria feito você no primeiro dia para você opinar, mas Ele fez o homem no final porque não quer saber o que achamos. Então, cale sua boca em nome de Jesus e vá edificar o Reino. Deus é o tudo, o todo, em todos, e nada foi feito a não ser por Ele, por meio dEle e para Ele.

Você precisa estar atento às vozes a que dá ouvidos, pois elas influenciam suas falas e atitudes. Existem cinco vozes: a voz dEle; a voz da sua condição, que é do cérebro; a voz de terceiros; a voz da sua alma, que quer governar; e a voz do diabo. Você pode pegar essas cinco e resumir em três: a voz dEle, a sua e a do diabo.

A voz de Deus é para um tempo, um povo e uma geração, é para edificar; a sua diz respeito a você e aos seus; a terceira voz é aquela que veio para destruir, trazer engano e acabar com os relacionamentos.

Uma pessoa que não acredita em Deus está com um manifesto contra o Senhor, pois não acredita na provisão dEle. O único objetivo que ela tem em não acreditar no Senhor é fazer você também não acreditar mais. Não desanime porque ela está segurando-o, mas cresça. O nível de mudança que você teve ainda não foi suficiente para ela. Uma coisa assustadora que acontece é quando ela não reconhece quem você é. Ou será afetada pelo Espírito ou por seu resultado, seu testemunho, mas entenda que você não pode parar. Não volte atrás. Ela precisa ver Deus em você. Cresça.

Jesus falou que não entraria no Reino quem não fosse simples como uma criança. Um religioso faz tudo ficar sofisticado e cria um grande idealismo. As pessoas não conseguem amar umas às outras porque os religiosos sofisticam demais, fazem as pessoas pensarem que a salvação precisa de obras, dificultando uma mensagem que deveria ser simples.

Existem três tipos de pessoas: as simplórias, as simples e as sofisticadas. Simples é alguém na medida certa. Uma pessoa que tem ação não espera o momento adequado para se movimentar, age com o que tem em mãos e não tem medo de errar. Tem um coração humilde, ensinável, voltado ao Reino.

Simplório é alguém que está aquém do que deveria estar. Em vez de dar um passo adiante para resolver os problemas, prefere permanecer como está e erra várias vezes na mesma coisa. O sofisticado é do excesso, do além, vive no idealismo. Ele deseja o perfeito, sempre quer mais. Se por um lado isso pode ser bom, pode, ao mesmo tempo, impedi-lo de acelerar resultados, porque tem problemas com perfeccionismo e dificulta o acesso de pessoas ao Reino.

Quando se simplifica a mensagem, o coração se abre e você começa a prosperar. Eu sou acusado de carregar uma mensagem simples demais, mas, se você não for simples, não vai acessar a mensagem nem o Reino.

Se você é uma pessoa simples e o Senhor coloca um bilhão na sua mão, você continua sendo simples. Certa vez, eu vi um amigo bilionário e sua esposa abraçarem e beijarem com muita ternura suas colaboradoras. Não é nada demais, mas eu me surpreendi por alguém da frequência dele demonstrar essa simplicidade. Quando você anda com simplicidade, não teme o inferno.

> UM GENERAL DO REINO NÃO ENTRA EM UMA GUERRA QUE NÃO É SUA.

O que eu mais vejo em empresas e casamentos é gente simplória ou sofisticada criando problemas. **A perfeita medida de uma vida reinante e próspera é a simplicidade com gente, situações, ambientes, frequências, com o Trono, com o Reino, e até com o diabo.** Se você entender de simplicidade, nunca mais vai dar um passo atrás ou um passo à frente. Seja simples como uma pomba e sagaz como uma serpente, quando necessário.

Se surge um problema, você deve governar sobre ele, buscando uma solução simples. Se você não sabe o como, precisa achar o quem. **Uma visão simples traz uma vida simples.** Por ser simplório demais, você dá ouvidos ao medo. Quem é simples chega com a alma primeiro. Quem é simples não precisa da opinião de quem não tem compromisso com o resultado. Quem é simples governa com a alma. Quem é simples é imparável. Seja simples. Se o seu coração falar, avance.

> UM GENERAL DO REINO NÃO ENTRA EM UMA GUERRA QUE NÃO É SUA.

As pessoas querem subir do nível 1 para o 12 de uma vez. Deus é um Deus de milagres e de impossibilidades, mas Ele não valida esse salto. Por isso Ele nos fala de semeadura e colheita e de glória em glória. A primeira semeadura não vai lhe dar um milhão na primeira colheita. Por isso o simples entende que não há como parar de crescer. Quem anda com simplório será puxado para baixo, pois ele piora o resultado do outro.

Desde que abri mão de ser simplório, eu parei de ouvir quem é simplório. Não faz mais sentido. Diversas pessoas tentaram me fazer parar, mas, quando eu via que faziam parte de outra categoria, de outra tribo, falei que não teriam mais espaço na minha cabeça e coração.

Se quando alguém fala de prosperidade você se

irrita, é porque você é simplório. Quem é simples fala: "Que o Senhor continue o abençoando". Se você é simplório, possivelmente diz: "Deixe de ser arrogante", e se é sofisticado: "Deus só escolheu você".

Há uma diferença entre o esforço humano e o favor de Deus. Quando você é simplório, não enxerga o favor e vai na força do seu braço. O simplório acha que quem tem um coração simples diante de Deus é humilde. Os simples não entregam o coração para aquilo que não vale a pena e prosperam mais rápido. De tudo o que você precisa guardar, guarde primeiro o seu coração, é o suficiente.

> UM GENERAL DO REINO NÃO ENTRA EM UMA GUERRA QUE NÃO É SUA.

A sua alma sabe o que você veio caçar aqui, mas você foi ensinado a ser escasso. Você tenta prosperar, mas está instalando o driver da pobreza em sua mente. Entenda: sua mente tem uma grande camada de frequência, e aquilo que você acredita já é. Minha intenção é só que você governe e vá cuidar da sua vida. Se você der conta de fazer isso, é o suficiente. A boa instrução, positividade, acreditar e orar, por si só, não mudam sua vida, apenas a ação é capaz de transformar.

Um dia, as pessoas amaram tanto o Pr. Aluízio e deram um carro a ele, uma Mercedes esportiva. Meu coração naquele dia ficou contaminado. Apesar de amá-lo, eu não achava que ele merecia, que não era justo, que pastor tinha que sofrer.

Rogério, ex-padre, quebrou o voto de pobreza. Eu ensinei-lhe que pobreza é improdutividade e contei como foi que Francisco criou esse voto: uma pessoa não conseguia falar com o papa, então ela ficou no chiqueiro para ser vista, e o papa, vendo um cara rolando com os porcos, o deixou entrar. Dali em diante, criou-se um movimento de negar a riqueza para chamar atenção. Você pode negar a si mesmo, mas não pode negar quem Ele é, e Ele é a riqueza.

Eu não sou moralista nem sou de cobrar o comportamento de ninguém, mas, quando se anda pelo Espírito, o Espírito Santo estremece você. O problema é que grandes homens de Deus, para reproduzir o Espírito Santo dEle, cobram você para "andar na linha", mas quem o toca é o Espírito Santo.

Seja simples, e, a cada passo que você der, o Senhor irá exponencializar seu passo.

UM GENERAL DO REINO NÃO ENTRA EM UMA GUERRA QUE NÃO É SUA.

É hora de ter experiência de caminho, esquecer a porta. É hora de viver de decisão, esqueça a condição. É hora de parar de se importar com aquilo que não faz sentido e meter o pé no acelerador para aquilo que você foi chamado. **É hora de diminuir a força do seu braço e entrar no favor dEle.**

OS TRÊS JOSÉS

Existem três Josés na Bíblia. O primeiro José, José do Egito, foi coroado por seu pai com uma túnica colorida para salvar Israel. Israel é o novo nome do pai dele, que foi mudado de Jacó (suplantador, trapaceiro) para "campeão de Deus". Israel não era apenas Jacó, mas uma nação, porque toda família é uma nação.

O segundo José é o pai terreno de Jesus. Pouca coisa se falou sobre ele, mas ele tinha o mesmo chamado do José do Egito: salvar Israel. O terceiro José é José de Arimatéia, senador, homem influente, discípulo oculto de Jesus. O chamado dele? Salvar Israel. Esse é o "ministério de José".

Minha mãe lia para mim a história de José do Egito todos os dias. Ela não aguentava mais contar aquela história, mas eu só queria ouvi-la. Você não sabe o investimento que isso é na vida de uma criança. Por tantos anos, minha mãe escrevia Provérbios e colocava na minha lancheira, tanto que hoje em dia eu não consigo mais me apartar dessa Palavra, do tanto que eu amo a sabedoria. Ela foi usada por Deus para implantar a Palavra no meu coração, antes mesmo de eu me converter ao Evangelho de Jesus. Eu me lembro de um dia, em 1998, aceitar a Jesus como meu salvador, mas eu lembro que, nos meus cinco, seis anos, ela contava essa história de José e eu me apaixonei.

No dia em que meus irmãos da igreja local se levantaram contra mim, eu chorei muito. A Carol me viu chorar várias vezes, e sei que não foi por maldade deles. Quando o Senhor coloca uma mensagem no seu coração, você precisa sair de casa, levá-la a outras pessoas. Eu orava várias vezes, questionando por que as pessoas que eu mais amo estavam me perseguindo, e o Senhor falou que estava me chamando para sair dali.

Um dia, na última vez em que sentei em um culto na igreja, um irmão virou para mim e falou: "Você vai ser perseguido, não sei por quê, mas o Senhor mandou eu lhe falar. Irmão, seu ministério é o maior que eu já ouvi falar até hoje, e acabou, você não vai entender mais nada do que eles falarem". Quando ele acabou de falar isso, eu virei para frente e não entendia o que estava acontecendo mais, não entendia o que a pessoa lá na frente estava falando, e o Senhor falou: "Pode ir embora, acabou seu tempo aqui".

Eu era convidado cinco vezes por dia para pregar numa igreja e, todas as vezes em que pisava numa igreja, o Senhor me fazia passar vergonha, pois me perseguiam e se levantavam contra mim. Na última igreja em que preguei, eu não falei nada de errado, preguei "pisando em ovos" para ser aprovado e os irmãos me aceitarem, mas mesmo assim fui duramente criticado.

Eu questionei o Senhor sobre o que eu deveria fazer, e novamente Ele me disse para não pisar mais dentro de uma igreja: "Claramente eu tirei você de lá, e você vai resgatar pessoas, porque você não é uma igreja de quatro paredes, você é uma igreja de duas pernas e vai levar o Reino a lugares em que eles não chegam". Daquele dia em diante, nunca mais recebi um único convite de ninguém. Aquilo me doeu muito, eu fiquei ofendido, e Deus disse: "Você não entendeu ainda para que eu o chamei. Eu o chamei para salvar Israel e você ficou ofendido. Se José ficasse ofendido, o que iria acontecer?"

Pedro também ficou ofendido. Chamou Silas e o mandou ir atrás de Paulo, anotar tudo o que Paulo falava, porque ele não era da igreja, e sim um perseguidor. Silas sentou-se à frente de Paulo, viu a manifestação da glória do Senhor e se perguntou: "O que eu vou anotar? Esse homem falando parece um leão da tribo de Judá." Ele nem voltou para dar satisfação a Pedro.

Quando Paulo começa a escrever Gálatas, ele fala: "Eu, Paulo, enviado por Deus, não fui levantado por homens, nem por grupos de homens, mas por Jesus Cristo." Se você é um apóstolo Paulo nessa geração, precisa de um Timóteo que ande com você. Quando você vê os discípulos em volta, identifica que é um sinal, que foi Jesus quem chamou. Os Timóteos, os Silas, as Priscilas, aqueles que andam com você, isso revela que é um chamado do Senhor.

Quando o Reino foi introjetado em José, absolutamente nada fazia sentido para ele, a não ser aquilo. Davi nunca quis o palácio, José nunca quis o palácio. Se você pegar esse código agora, você destrava o sucesso: **eles não queriam palácios, riquezas, mas o Reino, acima de qualquer coisa.**

Tem uma coisa que eu preciso compartilhar: minha esposa é muitas vezes mais mulher do que eu sou homem de Deus, ela é a base. Mas houve um dia em que o Senhor me mandou fazer algo e não existiu ninguém que me apoiasse. Minha esposa falava assim: "Pablo, você está falando muito de Jesus, as pessoas estão pagando muito caro para ouvir você, pare de falar dEle, fale menos, fale por códigos". E eu disse que infelizmente eu só sabia fazer isso. Meu pastor também me mandou parar. Eu disse que me fingiria de bobo, mas que ia fazer aquilo para o que Ele me chamou. É muito duro não ter ninguém para compartilhar daquilo que o Senhor está falando.

O dia em que o Pr. Aluízio foi à minha casa em São Paulo, o Senhor me acordou e falou: "José, acorda, seus irmãos estão chegando". Eu tomei um susto, porque ouvi essa voz e fiz de tudo para me atrasar para essa reunião com o Pr. Aluízio, porque fiquei nervoso. Quando cheguei à presença dele, ele entrou em prantos e falou: "Irmão, eu tenho que assumir uma coisa: Você é o José e nós somos seus irmãos e viemos aqui reconhecer a glória que o Senhor colocou na sua vida. A gente quer aprender e estamos aqui para ouvi-lo". Aquilo que parecia uma perseguição virou uma dupla honra. Eu fui curado.

Deus me deu clareza que sou como José de Arimatéia, fui chamado para fora da igreja para defendê-la. José foi o trabalhador da última hora e tem mais potência que José do Egito. Quando Jesus morreu, ninguém conseguia liberar o corpo dele, mas José de Arimatéia tinha riqueza, influência, *networking* e acesso, por isso resolveu os problemas que os discípulos não resolveram.

Você também pode ser um José da última hora, que está no mundo tocando os seus negócios, com o coração ardendo. Por fora, pode não parecer que está servindo ao Reino, mas o Senhor conhece seu coração.

Quando você não faz aquilo que Deus pede, Ele convocará outras pessoas, pois a promessa dEle não pode deixar de ser cumprida. Se o Senhor o chamar para fazer algo, Ele vai colocar as pessoas certas perto de você. **Quando há um mover, você não precisa convocar ninguém, as pessoas vêm até você.**

Deus criou tudo para andar em paridade. Porém, há pessoas individualistas, que se sentem superiores às demais, generais que preferem andar sozinhos e viver dessa forma. A verdade é que, se você age dessa forma, é um claro sinal que você foge de problemas. Caminhada solitária não resolve, você precisa criar um movimento. Retroalimentação, essa é a função de não andar sozinho, um retroalimenta a energia do outro. Andar sozinho é o mesmo que ficar parado.

Não conheço nenhuma pessoa impressionante, mas conheço aqueles que derramaram o próprio co-

ração, a própria vida e investiram na família para viver tudo aquilo que o Senhor está fazendo, e isso é impressionante neste mundo.

Eu quero que você entenda: **quando você fizer aquilo que o Senhor mandar, Ele vai trazer pessoas improváveis para caminhar com você.** Pessoas com diferentes habilidades, e cada um, com seu próprio conhecimento, vai ensinar aos outros e juntos vão cumprir o propósito.

É muito bom andar com irmãos, a Palavra fala para não deixarmos de congregar. Somos de várias tribos, mas todos somos filhos de Israel. Agradeço aos que andam comigo por terem empenhado suas vidas no Reino, mas desejo que não façam nunca para si. **Se fizerem por Ele, ganharão mil vezes mais – tanto em perseguição como em retorno em bênçãos.** Nunca destruam nada que alguém esteja construindo, mas lembrem-se de fazer para aquele que o chamou. Não trabalhem para alguém, e sim para o Senhor.

Não espere chegar à crise,
TREINE PARA VENCER

7

ISSO NÃO É NEM A SOMBRA DO QUE HÁ DE VIR

General, chegamos ao fim deste livro e espero que você tenha despertado para o seu chamado. É tempo de aceleração, de governo, de cuidar da própria vida. Não dá mais para ignorar a verdade do Reino.

Se você é reinante, vai pegar todos os códigos desta leitura e aplicar imediatamente à sua vida. Leia e releia este livro quantas vezes precisar, mas não deixe de praticar e de se conectar à Fonte. Está na hora de ir para o campo de batalha.

Finalizo com um *boot* e convido você a, assim que encerrar esta leitura, fechar seus olhos e pedir ao Senhor a sabedoria, a força e a mentalidade de um general. Que você deixe de se acovardar diante das dificuldades e assuma sua posição de governo. Sua família depende de você, um povo espera que você se posicione.

Lembre-se do que está escrito em João 16:33: "Eu disse essas coisas para que em mim vocês tenham paz. Neste mundo vocês terão aflições; contudo, tenham ânimo! Eu venci o mundo".

Tenha ânimo! Jesus já liberou o acesso para nós, tudo está criado, você só precisa sair da zona de conforto e decidir. **Tamo junto até depois do fim!**

A Ti rendo graças, ó Deus, porque o Senhor é bom e sempre nos ouve. Que tudo aquilo que é do Senhor prospere, e tudo aquilo que não é seja removido, para que possamos acessar uma atmosfera nova.

Que nasçam ecossistemas poderosos, que a unção de riqueza, de bilhões, caia na vida de quem ler este livro. Que aqueles que estão orando com sinceridade em seu coração recebam uma parte daquilo que o Senhor colocou em nosso meio.

Pai, mande reforços na empresa de cada um, que aqueles que estão escravizados em algum trabalho possam fugir sem olhar para trás, que eles entendam o ministério da graça e da justiça.

Que aqueles que estão orando e jogando energia possam receber mil vezes mais o que estão mandando.

Eu vejo ecossistemas gigantescos, totalmente voltados ao Reino, sendo levantados. Eu vejo livros sendo desenterrados do coração de pessoas. Eu vejo cineastas se levantando, métodos que escondem o Reino por trás sendo pregados, eu vejo influência na justiça, na política, no mundo corporativo, em todas as esferas através das pessoas, porque os que semeiam vão colher mil vezes mais.

Eu vejo o Senhor ativando novas habilidades dentro de você.

Eu vejo você perdendo a vergonha.

Eu vejo você se associando com pessoas que têm o mesmo coração, e as que não têm, naturalmente não farão parte da próxima fase.

Eu vejo você perdendo a vergonha de falar de Jesus.

Eu vejo você numa realidade de vida tão assustadora que não haverá outro assunto.

Só seja abençoado agora e receba essa unção. Receba essa energia.

Pastores que estão desanimados, o Senhor renova as suas forças. Igrejas que querem ser fechadas, que o Senhor renove o seu compromisso.

Você estabelece agora a nova fase com o Senhor, e Ele mostra a você uma nova festa, um novo tempo e uma nova frequência.

Comece a visualizar agora uma nova vida que você não tinha antes, uma vida de governo. É chegado o Reino.

Comece a ver políticos que são chamados por Deus, que amam a Jesus e a essa geração.

Comece a ver pessoas riquíssimas se levantando para patrocinar as causas do Reino.

Comece a ver pessoas altamente generosas sendo despertadas nessa geração.

Comece a sorrir e a pensar nos discípulos que o Senhor

estava dando a você. Fale com a sua boca: eles não são meus, são do Senhor, e eu cuido deles como se fosse o Senhor.

Os cordeirinhos precisam de leite, mas os leões precisam da selva. Tenha discernimento dessa mensagem. Os filhinhos, os cordeirinhos, precisam de colo, de cuidado, mas não podem crescer no seu colo. Assim como um bebê, você tem que colocar no chão para ele se arrastar, depois engatinhar, depois você pega na mão e ensina a andar, ele começa a correr e nunca mais você precisa segurá-lo, ele vai embora, governar sobre todas as coisas.

Não tenha medo de assumir aquilo que Deus colocou no seu coração. Não tem frequência maior que a sua aqui na Terra.

Só aquele que o chamou é maior do que você.

Só existe uma autoridade absoluta sobre a sua vida, Deus dos céus.

A autoridade absoluta na sua vida na terra são só os seus pais enquanto você é pequeno. Mas a todos aqueles a quem você se submete enquanto autoridade, têm apenas autoridade relativa e, se ela ferir aquilo que Deus colocou no seu coração, parta e vá fazer aquilo que Deus pediu.

Seja forte e corajoso, sabendo que vão falar mal de você.

Resista até depois do fim, porque Ele tem uma promessa.

Fale em voz alta: Jesus, tire o medo de mim, eu não quero ficar pelo caminho. Eu não sou daqueles que retrocedem, mas eu prossigo para o alvo e nada me interessa a não ser servi-Lo.

Já é!

Esta edição foi impressa em formato fechado 160x230mm e com mancha de 115x182mm. Os papéis utilizados foram o offset Chambril Book (Sylvamo) 90g/m² para o miolo e o cartão Supremo Alta Alvura (Suzano) 300g/m² para a capa. O texto foi composto em Book Antiqua 13/18 e os títulos em Bebas Neue 24/29.

MARÇO DE 2023

**ENCONTRE MAIS
LIVROS COMO ESTE**